内容項目＆発問で深める！

小学校道徳 教材研究ノート

中村優輝 著

東洋館出版社

はじめに

　本書を手に取っていただき、ありがとうございます。本書のテーマは、タイトルからも分かるように、道徳科の教材研究に関するものです。読み進めてもらう前に、一番大切なことをお伝えします。それは、

「この本に書いてある通りに教材研究をしないといけないと思わないでください」

　ということです。もちろん、私の記したSTEP１〜13の教材研究の流れに、すべて賛同してくださった方は同じように行ってください。

　「Ａは、参考になるから、教材研究に取り入れよう。でもＢは、私には合わなさそうだなぁ」。
　「ＡとＢなら、先にＢから教材研究を進めた方が私には合いそうだな。順番を変えよう」。
　「教材研究をしたいのだけど、時間がない。今日は、Ａはカットしよう」。

　など、先生方の考え方や時間の余裕によって、教材研究の仕方は異なってくるはずです。実際、私もそういうことがよくあります。授業をしたことのある教材であれば、以前どんな授業をしたか、教材研究ノートや板書の写真、または子どもたちの振り返りを見ることもあります。時間がないため、教材研究ノート左側のウェビングマップ（詳しくは、第２章でご確認ください）を省略しようというときもあります。ですので、本書に書いてある通りに教材研究をしないといけないと思わないでください。
　ところで読者のみなさんは、どのように道徳科の教材研究をしていますか？

　教科書や指導書の発問例を見ながら？
　それともオリジナルのスタイルで？
　そもそも道徳科の教材研究の仕方が分からない？ そんな時間がない？

　いろいろな考えがあると思います。本書の目玉は、「私の実際の教材研究の流れや教材研究ノートの写真」と付録の「授業づくり支援ツール」です。この付録データは、教材研究の仕方が分からなかった当時の私が、こんなデータがあれば教材研究に取り組みやすかっただろうなということをイメージして作りました。印刷して書き込む、パソコンで打ち込んでから印刷する、iPadなどのタブレット端末に書き込むなど、多様な使い方を想定して制作しました。先生方の授業スタイルに合わせて、ご活用ください。
　それでは、本書＆「授業づくり支援ツール」と一緒に、楽しみながら道徳科の教材研究をしていきましょう。

　　　　　　　　　　　　　　　　　　　　　　　　　　　　令和７年３月　中村優輝

本書活用のポイント

　本書の第3章では、教材研究ノートを基に私が実際に教材研究を行った軌跡を掲載しています。教材研究ノートに何を記入し、それはどのような意図なのか。教材についてどのような考えをもち、どのような発問を構想したかを簡潔にまとめています。

本書の見方

教材研究ノート

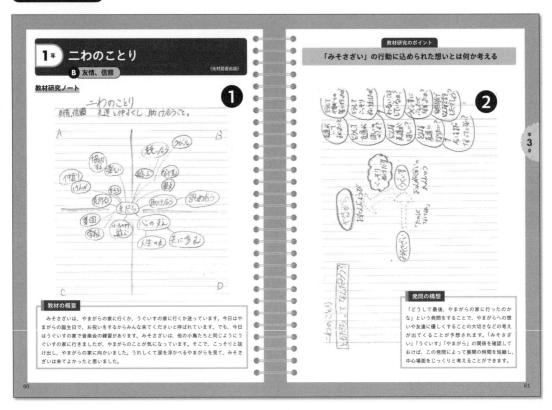

❶ 内容項目ウェビングマップ

　まず、本時の教材の内容項目を確認します。確認後、学習指導要領解説を読みます。教材研究ノートには、ウェビングマップを活用します。ABCDの記載は、内容項目の四つの視点です。考えを広げる際「Aの視点ではどのように考えられるかな。Bの視点…」というように考えます。すると、授業中の子どもたちの発言を内容項目の視点とつなげて聞くことができます。

❷ 発問の構想と板書イメージ

　発問は、37ページに分類した五つに分けて考えていきます。ノートに発問を書き出す際は、順番などは気にせず、思いついた順に書き出していきます。下部には、大まかな板書イメージを記載します。あくまで大まかなイメージなので、余白がありますが気にしません。なぜなら、授業はライブであるため、固定化したイメージで授業を行いたくないからです。

内容項目と発問で、教材研究を深める！

内容項目分析と授業の構想

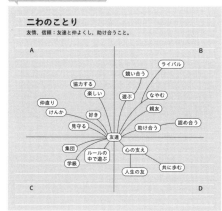

❸ 内容項目と教材研究

左ページのデータ化されたウェビングマップで内容項目の理解を深めます。教材によっては、発問分析の項目もあります。授業イメージができたら、子どもと共に考えたいことを明確にしていきます。大切なことは、方向性は定めるが授業に余白を残しながら子どもたちの思考に合わせて授業を展開させていくということです。

❹ その他の項目について

本書では、教材によってスライド教材を提示したり、実際の板書図を掲載したり、子どもの振り返りを記載したりしています。道徳の授業を型にはめる必要はありません。本書では、オリジナル教材での教材研究や2時間扱いに挑戦した教材研究を紹介しています。巻末では、付録データ「授業づくり支援ツール」を活用した教材研究の進め方を解説しています。

内容項目&発問で深める！
小学校道徳　教材研究ノート

もくじ Contents

はじめに 1
本書活用のポイント 2

第1章　教材研究で私が大切にしていること

道徳科の教材研究、失敗談 8
　①「到達目標」と「方向目標」の捉え方 10
　②内容項目とは？ 13
　③導入、展開、終末で私が意識していること 16
　④「三つの理解」を大切に 19
　⑤「価値の一般化」とは？ 20
　⑥「価値観の4類型」を意識する 24
　⑦子どもから学ぶ 26
　⑧教材研究するぞ！……ではなく 27

第2章　教材研究の流れ

教材研究解説
STEP1　内容項目を確認する 30
　　　　内容項目一覧表 32
STEP2　書籍から学ぶ 36
STEP3　教材を分析する 36
STEP4　発問を考える 37
STEP5　子どもと共に考えたいことを明確にしていく 40
STEP6　板書計画を立てる 40
STEP7　導入で活用するスライドをつくる 42
STEP8　指導書の発問や年間指導計画を参考にする 45
STEP9　授業案を寝かせる 45
STEP10　授業を行う 45
STEP11　子どもの振り返りを読み、道徳通信を作成する ... 46

STEP12 子どもの振り返りに対し、コメントや問い返しコメントを書く … 46
STEP13 挿絵を掲示する … 48

第3章 教材研究をやってみる

教材研究実践

STEP1 内容項目を確認する … 50
STEP2 書籍から学ぶ … 52
STEP3 教材を分析する … 53
STEP4 発問を考える … 54
STEP5 子どもと共に考えたいことを明確にしていく … 55
STEP6 板書計画を立てる … 56
STEP7 導入で活用するスライドをつくる … 57
STEP8 指導書の発問や年間指導計画を参考にする … 59

1年　二わのことり「B 友情、信頼」 … 60
2年　しあわせの王子「D 感動、畏敬の念」 … 64
3年　いつもありがとう「B 感謝」 … 68
6年　個性とは「A 個性の伸長」 … 72
3年　まどガラスと魚「A 正直、誠実」 … 78
4年　いのりの手「B 友情、信頼」 … 84
5年　くずれ落ちただんボール箱「B 親切、思いやり」 … 92
6年　ぼくの名前呼んで「C 家族愛、家庭生活の充実」 … 98
3年　きみの家にも牛がいる「D 生命の尊さ」 … 104
4年　なんで勉強しなきゃいけないの？
　　　「A 善悪の判断、自律、自由と責任」 … 112
3年　ふつうってどういうこと？「B 相互理解、寛容」 … 118

付録データ　「授業づくり支援ツール」を使った教材研究の進め方 … 128

おわりに … 130
参考文献一覧 … 132

第1章

教材研究で私が大切にしていること

第1章では、道徳の教材研究や授業をする上で私が大切にしていることを紹介します！

道徳科の教材研究、失敗談

　私は学生時代、道徳ゼミに所属していました。その後、教員採用試験に合格し、小学校で働くことが決まりました。ゼミでの学びを生かし、道徳の授業をがんばろうと考えていました。しかし、日々の教育活動で精一杯だった当時の私は、結局道徳の授業づくりに力を入れることができませんでした（もちろん授業は行っていました）。

　そして時が流れ、採用3年目。少しずつですが、余裕をもって仕事をすることができるようになってきました。そして、「今度こそ道徳の授業づくりに力を入れるぞ」と決心しました。まずは、他教科と同じように、授業案や板書計画を記す教材研究ノートを用意しました。ノートを用意したことでさらにやる気が出てきました。さぁ、それでは採用3年目のときの教材研究ノートをご覧ください。

採用3年目の教材研究ノート

```
    手品師

 誠実
   どうして 男の子をえらんだの？
```

　みなさんはどのように思われましたか？　とても教材研究をしているとは言えませんよね。このノートを発見したときの数年前の私は、唖然としたことを覚えています。それと同時に、思わず笑ってしまったことも覚えています。しかも、このノートに続きはありません。結局、教材研究ノートは使わずに、裏紙に授業メモを書いて教科書に挟み、授業をしていました。その裏紙は捨ててしまい、今はもうありません。

では、どうしてこんなにも教材研究ノートに何も書かれていなかったのでしょうか。それは、初めての学年で、また生徒指導に追われ、結局２年目までと同じように余裕がなかったという完全な言い訳が一つ。では、余裕があったら教材研究ができていたのでしょうか。きっとできていなかったと思います。教材研究ノートに何も書かれていなかった一番の理由は、「教材研究の仕方が分からなかったから」だと思います。小学校では2018年より道徳の時間が教科化されたため、現在は指導書があります（教科化前に使用していた『私たちの道徳』にも『「私たちの道徳」活用のための指導資料（小学校）』というものがありますが、私は活用することができていませんでした）。当時は指導書がなかったため、余計に困っていたのだと思います。

　そしてさらに時が流れ、採用６年目。新型コロナウイルス感染症が猛威を振るい、一斉休校になった年です。コロナ禍初の夏休み、私はこのままでいいのかと不安になり、もっと学ばないと成長できないと思い始めました。そこで、たくさんの実践を見て学ぶためにSNSを始めました。そして、今も交流のある、たくさんの仲間と出会うことができました。本を読むことが大きらいだった私が本を読むようになり、職員の打ち合わせで手を挙げて話すことが苦手だった私が、オンラインで実践を発表するようになりました。たくさんの学びを吸収し、道徳科の授業づくりに安定して力を入れ始めたころの教材研究ノートがこちらです。

採用６年目の教材研究ノート

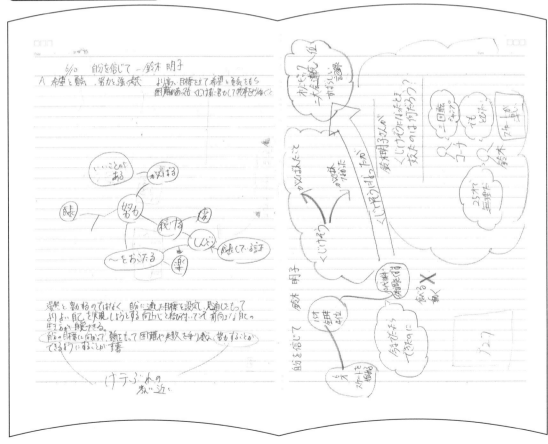

　採用３年目のときと比べて、教材研究ができるようになってきました。また、道徳科の授業が楽しくなってきました。この写真に載っている教材研究の仕方も、第２章で提案するものと

は少し異なりますが、ある程度、教材研究の流れが定まってきました。

　さて、この後は教材研究の流れを示す前に、私が教材研究をする際に大切にしていることをお伝えしたいと思います。

①「到達目標」と「方向目標」の捉え方

　各教科それぞれに目標がありますよね。例として、小学校算数科の目標を見てみましょう。

　数学的な見方・考え方を働かせ、数学的活動を通して、数学的に考える資質・能力を次のとおり育成することを目指す。
(1)数量や図形などについての基礎的・基本的な概念や性質などを理解するとともに、日常の事象を数理的に処理する技能を身に付けるようにする。
(2)日常の事象を数理的に捉え見通しをもち筋道を立てて考察する力、基礎的・基本的な数量や図形の性質などを見いだし統合的・発展的に考察する力、数学的な表現を用いて事象を簡潔・明瞭・的確に表したり目的に応じて柔軟に表したりする力を養う。
(3)数学的活動の楽しさや数学のよさに気付き、学習を振り返ってよりよく問題解決しようとする態度、算数で学んだことを生活や学習に活用しようとする態度を養う。

『小学校学習指導要領（平成29年告示）解説 算数編』p.21-22より

---

　(1)は知識及び技能、(2)は思考力、判断力、表現力等、(3)は学びに向かう力、人間性等の三つの柱に基づいて記されています。では、次に単元の詳しい目標を見てみましょう。小学校3年生で初めて学習するわり算の目標です。

---

(1)除法の意味について理解し、除法が用いられる場面を式に表したり、式をよみ取ったりすることができ、その計算ができる。
(2)数量の関係に着目し、除法の計算の仕方を考え表現することができる。
(3)除法の場面を具体物や図などを用いて考えたことを振り返り、計算の仕方をよりよく表現し、身の回りから除法が用いられる場面を見つけ用いようとしている。

『小学算数3年上　教師用指導書　研究編』日本文教出版 p.170より（下線部は筆者）

---

　(1)は知識及び技能、(2)は思考力、判断力、表現力等、(3)は学びに向かう力、人間性等という点は変わりありませんが、指導する際の具体的な目標が見えます。この単元を通して子どもたちにどのような力を身に付けさせたいのか、つまり、学習の到達地点であるゴールが見えるということです。わり算の学習の目標は、「わり算はどのような計算であるのか分かる」「わり算の計算をすることができる」「わり算の計算の仕方を説明することができる」などが考えられます。

　実際の授業では、「わり算ってどんな計算か知っている？」と問うと、「分けていく計算」と話してくれた子どもがたくさんいました。「確かに分けていく計算だけど、これはどうかな？」と一人一人に分ける数を変えて、図を使って説明しました。

　「Aさんだけ、数が多くてずるい」という学びから、同じ数ずつ分けることがわり算の考え方だと理解することができたと思います。また、当然のことですが、わり算の計算をすると答

えが導き出されます。例えば、20 ÷ 4 ＝ 5 です。誰かが計算すると答えが6になって、6という答えが正解だということはありません。もちろん、図を使って考えるなど、考え方はたくさんありますが、答えは一つしかありません。

　このような点から「到達目標」は「ここまで到達しなければならない」、または「ここまで到達してほしい」という目標であると考えることができます。

　では次に、道徳科の目標を見てみましょう。

　（略）道徳教育の目標に基づき、よりよく生きるための基盤となる<u>道徳性</u>を養うため、<u>道徳的諸価値についての理解</u>を基に、<u>自己を見つめ</u>、<u>物事を多面的・多角的に考え</u>、<u>自己の生き方についての考えを深める学習</u>を通して、<u>道徳的な判断力、心情、実践意欲と態度</u>を育てる。

『小学校学習指導要領（平成29年告示）解説 特別の教科道徳編』p.16より（下線部は筆者）

　算数科の目標は、三つの柱で記されているためイメージしやすかったと思います。それに比べて道徳科の目標はいかがでしょうか。道徳科で使われている専門的な用語が、目標をより難しいものと感じさせているかもしれません。

　まずは、専門的な用語の意味を確認していきましょう。

道徳性	<u>人間としてよりよく生きようとする人格的特性</u>であり、道徳教育は道徳性を構成する<u>諸様相</u>である道徳的判断力、道徳的心情、道徳的実践意欲と態度を育てることを求めている。
道徳的判断力	それぞれの場面において<u>善悪を判断する能力</u>である。つまり、人間として生きるために<u>道徳的価値が大切なことを理解</u>し、様々な状況下において<u>人間としてどのように対処することが望まれるかを判断する力</u>である。
道徳的心情	道徳的価値の大切さを感じ取り、<u>善を行うことを喜び、悪を憎む感情のこと</u>である。<u>人間としてのよりよい生き方や善を志向する感情</u>であるとも言える。
道徳的実践意欲と態度	道徳的判断力や道徳的心情によって<u>価値があるとされた行動をとろうとする傾向性</u>を意味する。道徳的実践意欲は、<u>道徳的判断力や道徳的心情を基盤とし道徳的価値を実現しようとする意志の働き</u>であり、道徳的態度は、それらに裏付けられた具体的な道徳的行為への身構えと言うことができる。

　自己を見つめるとは、<u>自分との関わり</u>、つまり<u>これまでの自分の経験やそのときの感じ方、考え方と照らし合わせながら、更に考えを深めること</u>である。このような学習を通して、児童一人一人は、道徳的価値の理解と同時に<u>自己理解を深めることになる</u>。また、児童自ら道徳性を養う中で、<u>自らを振り返って成長を実感したり</u>、<u>これからの課題や目標を見付けたりすることができるようになる</u>。（中略）よりよく生きるための基盤となる道徳性を養うためには、児童が多様な感じ方や考え方に接することが大切であり、<u>児童が多様な価値観の存在を前提にして</u>、<u>他者と対話したり協働したりしながら</u>、物事を多面的・多角的

に考えることが求められる。このように物事を多面的・多角的に考える学習を通して、児童一人一人は、<u>価値理解と同時に人間理解や他者理解を深め、更に自分で考えを深め、判断し、表現する力などを育むのである</u>。（中略）児童は、道徳的価値の理解を基に自己を見つめるなどの道徳的価値の自覚を深める過程で、同時に自己の生き方についての考えを深めているが、特にそのことを強く意識させることが重要である。児童が道徳的価値の理解を基に、自己を見つめ、物事を多面的・多角的に考えることを通して形成された<u>道徳的価値観を基盤として</u>、自己の生き方についての考えを深めていくことができるようにすることが大切である。その際、道徳的価値の理解を自分との関わりで深めたり、自分自身の体験やそれに伴う感じ方や考え方などを確かに想起したりすることができるようにするなど、<u>特に自己の生き方についての考えを深めることを強く意識して指導することが重要である</u>。

『小学校学習指導要領（平成29年告示）解説 特別の教科道徳編』p.18-19より（下線部は筆者）

「解説を読んでもよく分からない」と思われた方もいるかもしれませんね。

では、より具体的に考えていきましょう。5、6年生の内容項目Bの視点「親切、思いやり」を例に挙げます。

誰に対しても<u>思いやり</u>の心をもち、相手の立場に立って<u>親切</u>にすること。

教材によって、特に思いやりについて考える教材、または親切について考える教材があります。今回は、「親切」について考えてみましょう。「親切」とは一体何でしょうか。「誰かに優しくすること」「困っている人を助けること」。それももちろん親切です。では、違う角度から考えるために、場面を想定して考えてみましょう。

今は休み時間で、先生は廊下を歩いて職員室へ向かっている途中です。考え事をしながら歩いていたため、つまずいて転んでしまい、手に持っていたプリントが散らばってしまいました。そんなとき、近くにいた1年生の子どもたちが心配して歩み寄ってきてくれました。たくさんの子どもたちが「大丈夫？」「けがはない？」などと声をかけながら、プリントを拾ってくれています。「先生が困っているから助けないと」という感情から、自然と親切な行動が表れたのだと思います。しかし、廊下にたくさんの子どもたちが集まっていることに気が付いた他の学年の子どもたちも集まってきてしまいました。転んでしまったことが、どんどん広まっていきます。さらに、異変を感じた先生方まで職員室から駆けつけてきました。声をかけてもらったことや助けてもらったことはうれしいのですが、恥ずかしさが心に残りました。

少し大袈裟かもしれませんが、このようなことがあったとします。もちろん、1年生が歩み寄って助けてくれたことが悪いということではありません。もしかすると、高学年の子どもたちなら、周りに分からないような小さな声で「大丈夫ですか？」と声をかけながら、プリントを拾ってくれるかもしれません。これが、高学年のねらいである『相手の立場に立って親切にすること』の一例でしょう。決して「親切にすること」を教えるわけではありませんし、それを到達目標にするわけでもありません。そもそも子どもたちは、親切にした方がよいことは知っているはずです。小さな声で「『大丈夫ですか？』と声をかけることが、相手のことを本気

で考えた親切と考える子どももいるでしょう。その反面「大丈夫ですか。と声をかけた方がいいことは分かっている。でも急にそんな場面に出くわしても、声をかけられそうにない」という意見も出てくるかもしれません。「うまく助けられる自信がない」「恥ずかしくて声をかけられない」といった理由の場合、親切にしたいという気持ちは伝わってきます。でも、それを行動に移すことが難しいのです。

　では、その子は高学年のねらい『相手の立場に立って親切にすること』に達していないと見取るのでしょうか。それは違います。ここに道徳科の特質である、「到達目標」ではなく「方向目標」で考えることが望ましいということが表れています。「方向目標」は、本時のねらいは定めますが「全員をここまで到達させる」とは考えません。親切について考えていくと、Ａさんは「大丈夫ですか」と声をかけると考えていて、Ｂさんの考えも似ている。Ｃさんは「親切にしたいけど、なかなかできない」と考えているということが起きるはずです。それは一人一人の価値観は違うので、当然のことです。その際、「到達目標」で考えてしまうと、ＡさんとＢさんは、親切についての考え方が正解。Ｃさんは、不正解ということになってしまいます。そのような考えで授業をしてしまうと、「価値観の押し付け」になる可能性があるでしょう。

　また、「到達目標」で考えるのならば、ＡさんとＢさんは「よくできた」、Ｃさんは「できた」または「がんばろう」という評価になってしまいます。道徳科の評価は、個人内評価です。他教科のように一つの到達地点や正解といった「到達目標」があるわけではなく、「方向目標」です。拙著『内容項目から始めよう　直球で問いかける小学校道徳科授業づくり』（東洋館出版社）の16ページに、「着地点」ではなく「着地スペース」と表現したのも、「到達目標」ではなく「方向目標」という意図です。だからこそ、目の前の子どもたちと柔軟な発想で考えることができますし、「正解は一つではないんだよ」と多様な考え方を認めていくことができます。ただし、「方向目標」だからと言って何を考えてもいいというわけではありません。立ち返るものは、学習指導要領です。考える道筋は違ったとしても、ねらいとする方向性に大きな違いはないはずです。

②内容項目とは？

　内容項目は、児童が人間として他者とよりよく生きていく上で学ぶことが必要と考えられる道徳的価値を含む内容を、短い文章で平易に表現したものである。また、内容項目ごとにその内容を端的に表す言葉を付記している。これらの内容項目は、児童自らが道徳性を養うための<u>手掛かり</u>となるものである。なお、その指導に当たっては、<u>内容を端的に表す言葉そのものを教え込んだり、知的な理解にのみとどまる指導になったりすることがないよう十分留意する必要がある。</u>

『小学校学習指導要領（平成29年告示）解説 特別の教科道徳編』p.22より（下線部は筆者）

　ここに記されているように、内容項目は、道徳性を養うための「手掛かり」です。「考えるきっかけ」や「考える窓口」と表現してもよいかもしれません。以前、道徳科の指導に悩んでいた方が、次のように話されていました。

道徳の授業で何を教えたらいいのかが分からない。例えば「親切」であれば、親切にした方がいいのだから、「親切にしましょう」としか授業できない。それに、私は道徳的にだめな人間だから、道徳を教えられそうにない。

当時の私がどのように返答したのかは、正直なところ覚えていません。しかし、今の私なら次のように答えると思います。

親切の授業ならば、「親切にしましょう」というように行為を指導するわけではありません。道徳科は「親切にしてもらった（または親切にした）ときの気持ち」「親切にすることのよさ」「親切にすることの難しさ」「親切にするために必要なこと」「そもそも親切とは何か」「相手からすると親切ではなく、おせっかいになっていないか」といった内面的なことを、子どもたちに教えるのではなく一緒に考えていく時間です。それと、道徳的にだめな人間という話ですが、反対に道徳的に完璧な人間なんているのでしょうか。また、それで指導ができないのであれば、クロールや平泳ぎができない先生は、水泳の指導ができないということになります。そんなことはありませんよね。むしろ先生は、自分のこの一面が道徳的によくないと自覚することができていることが素晴らしいです。道徳の授業は、反省会をするわけではありませんが、自分を見つめて「できていること」だけでなく「不十分な自分を自覚すること」について考えることも大切なのですよ。

また、このような話をしてくださった方もいました。

授業をしていると、本時のねらいとは違う内容項目の話が出てくることがあります。私の発問が悪いのでしょうか。

確かに授業をしていると、違う内容項目の話が出てくることがあります。しかし、それは当然のことではないでしょうか。内容項目Aの視点「個性の伸長」で考えていきましょう。「自分の個性、特によいところを伸ばすために必要なことは何でしょうか」。少し時間を取って考えてみてください。

いろいろな考えがあると思いますが、例えば「がんばること」という考え方が子どもたちから出てきたとします。確かに、よいところを伸ばすためにがんばることは必要でしょう。これは内容項目Aの視点「希望と勇気、努力と強い意志」と関わってきます。その他にも「がんばるけれど、周りに迷惑をかけないよう、度を越さないこと」（内容項目Aの視点「節度、節制」）、「友達と協力し合って、よいところを伸ばしていくこと」（内容項目Bの視点「友情、信頼」）、「自分のよさは、学級のみんなのために行動できること。だから今していることを続ける」（内容項目Cの視点「よりよい学校生活、集団生活の充実」）など、まだまだ書き出すことができるでしょう。ですので、違う内容項目の話が出てくることは、当然のことだと思います。

実際、学習指導要領解説にも、以下のように記されています。

⑴関連的、発展的な取扱いの工夫
ア　関連性をもたせる

　具体的な状況で道徳的行為がなされる場合、「第2 内容」に示されている一つの内容項目だけが単独に作用するということはほとんどない。そこでは、ある内容項目を中心として、幾つかの内容項目が関連し合っている。例えば「第5学年及び第6学年」の場合であれば、「礼儀」の「時と場をわきまえて、礼儀正しく真心をもって接すること」のためには、「親切、思いやり」の「誰に対しても思いやりの心をもち、相手の立場に立って親切にすること」が必要であるし、また、「勤労、公共の精神」の「働くことや社会に奉仕することの充実感を味わうとともに、その意義を理解し、公共のために役に立つことをすること」は、「感謝」の「日々の生活が家族や過去からの多くの人々の支え合いや助け合いで成り立っていることに感謝し、それに応えること」と密接に関わっている。

　道徳科の指導に当たっては、内容項目間の関連を十分に考慮したり、指導の順序を工夫したりして、児童の実態に応じた適切な指導を行うことが大切である。そして、各学年段階を通して、全部の内容項目が調和的に関わり合いながら、児童の道徳性が養われるように工夫する必要がある。

『小学校学習指導要領（平成29年告示）解説 特別の教科道徳編』p.24-25より（下線部は筆者）

　そして、このことをさらに具体的に、また理論と結び付けて書かれているのが、木原一彰先生の実践研究論文「複数関連価値統合型の道徳の時間の可能性―学習指導過程の固定化を克服するために―」です。

　論文内では授業の事例として、「不撓不屈」（強い意志をもって、どんな苦労や困難にもくじけないさま。goo辞書より）が挙げられています。内容項目Aの視点「希望と勇気、努力と強い意志」をイメージしてもらうと考えやすいと思います。教材の範読後、感想交流を行うと「報恩感謝」「個性伸長」「家族愛」などの考えが子どもたちから出てきたようです。先ほどの質問で言うところの「違う内容項目の話が出てきた」ということですね。それを木原先生は、中心価値を「不撓不屈」、関連価値を「報恩感謝」「個性伸長」「家族愛」として、価値を関連させて統合する授業を展開されました。
「不撓不屈」の授業の終わりに、このように記されていました。

　単に「不撓不屈」の大切さを認識しただけでは自分の生活に生かすことは難しいが、他の諸価値と連関させたり、「不撓不屈」に込められた内容をより多様な視点から見つめたりすることで、「こう考えれば自分の生活でもできそうだ」という価値の統合が内面で図られたと考える。この実践から、中心価値をその価値に内在する多様な視点や他の諸価値との連関で見つめ、自己の内面で統合する営みを道徳の時間の学習で保障することこそが、本当の意味で価値の理解と自覚を深めることになるのではないかと考えた。
木原一彰（2015）「複数関連価値統合型の道徳の時間の可能性 ―学習指導過程の固定化を克服するために―」日本道徳教育学会事務局 p.63より

「違う内容項目の話が出てきて困る」と思われていた方にとっては、「よかった。自分のしている道徳授業は間違いではなかった」と安心されたのではないでしょうか。実は、私もその1人です。「今日はこの内容項目について考えたいのに、いろいろな考えが出てきて困る。どうしよう」と考えていた時期がありましたが、この論文を読んで、モヤモヤが解消したことを覚えています。ただし、「本時のねらいとは違う内容項目が出てきてもいいんだ」と安易に考えてもよいということではありません。目の前の子どもたちの実態を見て、また内容項目間の関連についてしっかりと考えていることが大前提です。

　今回論文の一部を引用させていただきましたが、木原先生がどのような思いで「複数関連価値統合型の道徳の時間の可能性」を提唱されているかまでは、記すことができていません。下記、QRコードを読み取り、全文を読んで確認していただければと思います。

木原一彰（2015）「複数関連価値統合型の道徳の時間の可能性 ―学習指導過程の固定化を克服するために―」

③導入、展開、終末で私が意識していること

> （略）道徳教育の目標に基づき、よりよく生きるための基盤となる道徳性を養うため、<u>道徳的諸価値についての理解を基に</u>、<u>自己を見つめ</u>、<u>物事を多面的・多角的に考え</u>、<u>自己の生き方についての考えを深める学習</u>を通して、道徳的な判断力、心情、実践意欲と態度を育てる。
> 『小学校学習指導要領（平成29年告示）解説 特別の教科道徳編』p.16より（下線部は筆者）

　再度、道徳科の目標を記しました。道徳科の授業は、道徳的諸価値の理解を基にしながら、自己を見つめること。そして、多面的・多角的に考え、自己の生き方について考えることが求められています。道徳科における「深い学び」を実現するためには、1時間の授業だけでなく、年間35時間（小学校1年生は34時間）の授業を通して、道徳科の目標に迫ることができるような授業を展開していく必要があります。そのように考えると、授業をするときのハードルがかなり高いと思いませんか。毎回の授業で、すべてを網羅することは難しいと思います。しかし、少なくとも①道徳的価値の理解を深めること、②深める過程で自己とのつながりについて考えることの2点に関しては、毎回の授業で実現させたいと思っています。そのため、ここでは、この2点を実現させるために、導入、展開、終末で意識していることを記します。

　まず、導入では「努力し続けるって何だろう？」「親切って何だろう？」「命を大切にするって何だろう？」というように、本時の内容項目や考えたいテーマを直球で問いかけるようにしています。基本的に道徳科は、授業が45分（中学校は50分）で完結します。限られた時間の中で、本時のねらいに迫ることが求められます。そのため、導入から直球で問いかけることに

より、できるだけ長い時間をかけて道徳的諸価値について考えていくことができます。詳しくは、拙著『内容項目から始めよう　直球で問いかける小学校道徳科授業づくり』（東洋館出版社）をご確認ください。そして導入では、できるだけ考えを広げていきます。

　例えば、内容項目Ｂの視点「感謝」の授業では、「ありがとうって何だろう？」という直球発問から始めました。子どもたちから「ありがたい言葉」「感謝を伝える言葉」「お礼」「言われてうれしい言葉」という考えが出てきました。考えを整理していくと、「自分がありがとうを言う」「ありがとうと言ってもらう」の二つの視点が見えてきました。この二つの視点は、展開後段の発問で活用できると感じました。実際に展開後段で「ありがとうを言える人と言ってもらえる人のどちらになりたい？」と問うと、どちらの意見も出てきました。「でも先生、どちらにもなった方がいいと思う」という考えから、「ありがとうを言える人は、ありがとうと言ってもらうことも多いと思う」「ありがとうって言われる人も、自分からありがとうを言えると思う」という新たな考えを見つけることもできました。きっと、導入において直球で問いかけることで「感謝」についての考えが広がり、さらに二つの視点でそれを整理したからこそ、新たな考えを見つけることができたのだと思います。

　展開では、「教材を通して本時のテーマについて考えること」「教材で考えたことを踏まえて、自分自身と本時のテーマとの関わりについて考えること」の二つを意識しています。高学年、内容項目Ａの視点「善悪の判断、自律、自由と責任」の授業では、主に「自由」について考えていきました。導入で問いかけた「自由って何だろう？」という問いに対して、「思う気ままに生きる」「自分の好きなように生きること」「何をしてもよい」「他にしばられないこと」という考えが出てきました。さらに、「法を破らなければ、自由にしてもよい」「自由になっていいときと、悪いときがある」という考えも出てきました。

　その後、『私たちの道徳』に掲載されている『うばわれた自由』という教材を活用して授業を進めるのですが、子どもたちの考える「自由」と教材に描かれている「自由」に似ている点があったため、展開で活用しようと考えました。

　『うばわれた自由』のあらすじは以下の通りです。全文は、QRコードより確認してください。

教材の概要

「日の出前に、狩りをしてはいけない」というきまりを破ったジェラール王子。きまりを破った者を取り締まることを仕事としているガリュー。「あなた方が言っている自由というのは、自分だけに都合の良いようにすることで、本当の自由とは申しません」。このように注意したガリューは捕らえられます。その後、裏切りにあったジェラール王子も捕らえられてしまいます。牢屋でガリューに出会ったジェラール王子は、自分のしたことを見つめ直します。

私たちの道徳『うばわれた自由』p.34-37

　展開では、ジェラール王子とガリューの考える「自由」を考えていきました。

ジェラール王子の考える自由	ガリューの考える自由
・何をしてもよい。 ・自分だけの都合を考えている。 ・思い通りにすればよい。 ・人のためを思っていない。	・全員が自由になる。 ・みんなが平和になれるような自由。 ・自分のことだけではなくて、みんなのことも考えている。

　２人の言動から、子どもたちは「自由」について考えていました。ここで注目してほしいのは、導入で考えた「自由」とジェラール王子の考える「自由」です。

導入で子どもたちが考えた自由	ジェラール王子の考える自由
・思う気ままに生きる。 ・自分の好きなように生きること。 ・何をしてもよい。 ・他にしばられないこと。	・何をしてもよい。 ・自分だけの都合を考えている。 ・思い通りにすればよい。 ・人のためを思っていない。

　さあ、いかがでしょうか。似ている点が多々ありますよね。特に「何をしてもよい」は、完全に一致しています。子どもたちに「みんなの考える自由は、ジェラール王子とガリューのどちらに近い？」と問うと、すごい小さな声で、またいやそうな口調で「ジェラール……」「ガリューの自由に近い方がよかった……」と返ってきました。「でも僕たちは、法は破っていないし、誰かに迷惑をかけているわけではないから、言葉だけ見たらジェラールに近いけど、考え方はガリューに近いよ」。

　この発言を聞き、「そうそう」「よかったぁ」と安心した表情の子どもたちを見ることができました。「教材を通して本時のテーマについて考えること（ジェラール王子とガリューの考える「自由」を考えたこと）」「教材で考えたことを踏まえて、自分自身と本時のテーマとの関わりについて考えること（導入で考えた「自由」と教材に描かれている「自由」を比較しながら考えたこと）」を意識したからこそ、教材を自分事として捉えて考えることができました。また、導入で「自由」について直球に問いかけ、多様な考えを引き出したことも、自分事として考えることができた理由だと考えます。

　終末は、シンプルに考えます。教材や友達の考えを通して、自分の考えた「自由」について振り返りをする時間であり、授業中に考えたことを、見つめ直す時間です。つまり、改めて自分自身と対話する時間です。そのため、教師がたくさん話す時間ではありません。子どもたちは、黙々と振り返りを書いていきます。終末で意識していることは、「終末の時間をどれだけ確保できるか」です。現在は、約10分程度を確保するようにしています。最低でも７分です。以前は、５分ほどでしたが、時間が足りないと感じました。また、子どもたちから「もうすぐ授業が終わるから５分くらいで書き終わる振り返りを書こう」というような雰囲気を感じたことがありました。一人一人の書く量やスピードは異なりますが、ある程度の時間を確保しないと、自分自身と対話することが難しいと感じました。そのために約10分の時間を確保しています。しかし、終末を10分間確保するとなると、小学校では35分間、中学校では40分間しか導入と展開の時間がありません。範読の時間もあります。本時のねらいに迫るために遠回りになる問いではなく、無駄な発問を削り、シンプルな発問を意識することが大切になってきます。

実は、導入、展開、終末において、他にも意識している点があります。それは、⑤「価値の一般化」についての項で詳しく述べます。

④「三つの理解」を大切に

　教材研究をするとき、そして授業中に、私は「三つの理解」を大切にしています。事例とともに確認していきましょう。まずは、「三つの理解」とは何かを表にまとめました。

価値理解	内容項目を、<u>人間としてよりよく生きる上で大切なことであると理解する</u>ことである。
人間理解	道徳的価値は大切であっても<u>なかなか実現することができない人間の弱さ</u>なども理解することである。
他者理解	道徳的価値を実現したり、実現できなかったりする場合の<u>感じ方、考え方は一つではない、多様である</u>ということを前提として理解することである。

『小学校学習指導要領（平成29年告示）解説 特別の教科道徳編』p.18より（下線部は筆者）

　道徳科の授業をする上で、「価値理解」を大切にされている方が多い印象です。しかし、「価値理解」のみを大切にされている方もいらっしゃるかもしれません。先ほど記した、道徳科の指導に悩んでいる先生の話で考えていきましょう。

> 道徳の授業で何を教えたらいいのかが分からない。例えば「親切」であれば、<u>親切にした方がいいのだから</u>、「親切にしましょう」としか授業できない。それに、私は道徳的にだめな人間だから、道徳を教えられそうにない。

　「親切にした方がいいのだから」という言葉から、「親切にすること」という価値の大切さを実感しているのだと思います。「価値理解」については、日々の授業でも意識されている様子でした。しかし、「親切にしましょうとしか授業できない」という点からは、「人間理解」の視点が弱いのかなと感じました。「親切にすることは大切だと分かっているけど、勇気を出すことができない自分がいる」など、人間の弱さや価値を実現することの難しさを考えていくことも大切です。道徳科の教材には、特に「価値理解」を重視していると考えられる教材、「人間理解」や「他者理解」を重視していると考えられる教材があります。人間の弱さや、葛藤場面が描かれているかいないかで判断することもできるでしょう。

　「他者理解」の視点を考えると、いつも子どもたちのある言葉を思い出します。それは「道徳には答えはない」という言葉です。今までに何度も聞いてきました。詳しく聞いてみると、「いろいろな考え方があるから答えはない」ということを話してくれます。まさしく「他者理解」の視点です。授業をしていると、子どもたちから多様な考えが出てきます。その考えに、共感したり、疑問に感じたことを聞いてみたりすると、自然と「他者理解」の視点が生まれます。補足ですが『小学校学習指導要領（平成29年告示）解説 特別の教科道徳編』には「答えはない」ではなく「答えが一つではない道徳的な課題」と記載されています。前述の「到達目標」ではなく「方向目標」という話ともつながってきませんか。もし、道徳科が「到達目標」

であるのならば、基本的に答えは一つになってしまいます。また「到達目標」であるのならば、そもそも「他者理解」の視点は生まれてこないのではないでしょうか。

⑤「価値の一般化」とは？

「価値の一般化」という考えがあります。一般的には、中心発問後の自己を見つめる場面、学習指導案の展開後段が「価値の一般化」の段階に当たります。以下、「価値の一般化」について記していきます。

> ねらいとする価値の自覚を主体的に行わせるために「価値の一般化」が必要とされる。すなわち、子どもたちが資料（<u>教科化された現在は教材である。以下、資料という記述を教材と記すことは省略する</u>）を通して（資料を活用しての話合いを十分に行うことを通して）把握した価値を、現在および将来にわたる自己の生活（行動、行為）に生かすための価値として自覚するように、指導者が意図的に行う配慮が、価値の一般化の工夫である。ただ、価値の自覚といっても、それは単にいわゆる規範意識としての価値の理解にとどまるのではなく、自分の価値観の自覚にまで深められることが大切である。本書の第一章の中でも、「子ども一人一人に自分の価値観を自覚させること」が道徳授業の特質の一つであることについて説明し、その自覚のほとんどが「不十分な自分」の自覚であることを述べたが、このような自覚を子ども一人一人に道徳の時間の中でもたせるために、指導者としての何らかの配慮が必要であり、それを「価値の一般化のための工夫」と呼ぶのである。
>
> 青木孝頼（1995）『道徳授業の基本構想』文溪堂 p.82-83より（下線部は筆者）

「価値の一般化」という理論を最初に提唱したとされる青木孝頼は、このように記しています。道徳科の授業から「価値の一般化」という考えが抜け落ちると、教材の読解で終わってしまう可能性があります。道徳科の目標である、道徳的諸価値についての理解を基に、自己を見つめ、物事を多面的・多角的に考え、自己の生き方についての考えを深めるためには、「価値の一般化」が必須です。つまり、教材を通した学びも大切ですが、教材から離れて自己を見つめ、本時に考えた価値を自分たちの生活にどのように生かしていくか考えることが大切だということです。そこで大切なのは、「三つの理解」です。「価値の自覚」という言葉が何度か出てきましたが、決して「価値理解」のみが大切ということではありません。先に述べた「人間理解」「他者理解」の視点ももちろん大切です。

ところで、どうして教材から離れて考える必要があるのでしょうか。その理由に関して考えていきましょう。

> 先生によりましては、資料を離れる必要はないではないか、資料を離れたのでは、授業の流れが切れるではないか、子どもが戸惑うではないか、等々のご意見をおもちだろうと思います。にもかかわらず、資料を離れて、自分の生活に目を転じさせなければならないのはなぜか、という問題です。「資料とは何か」「なぜ資料を使うのか」ということについては、詳しく述べる余裕がありませんが、ごく簡単にいいますと、<u>資料とは、ねらいとす</u>

る価値が、具体的な行為となって現れている一つの事例です。ねらいとする価値は、抽象的な価値ですから、そのまま指導はできませんので、資料を使うわけです。ところが、資料は「一つの事例」ですから、そこに書かれている内容というものは、<u>特定の主人公</u>が<u>特定の場面</u>で、<u>特定の行為</u>をやったと書いてあるわけです。その資料だけを扱って、1時間の授業が終わりました、というやり方をした場合、子どもたちは、いったい、その1時間で何を学んだことになるのでしょうか。<u>多くの子どもは、こういう特定場面に出会ったとき、こういう特定条件下では、この主人公のように行動すればよいのだな、ということは学ぶでしょう。あるいは、内容によっては、こんなことをすれば、こんな問題が起きてよくないのだな、</u>ということを学ぶでしょう。それでよしとするならば、1時間中、資料を十分扱えばけっこうだということになります。

青木孝頼(1988)『道徳でこころを育てる先生』日本図書文化協会 p.77-79より(下線部は筆者)

　教材には、かなり特殊な場面が描かれています。1年生の定番教材『はしのうえのおおかみ』で考えてみましょう。内容項目は、Bの視点「親切、思いやり」です。

　『はしのうえのおおかみ』のあらすじは、以下の通りです。全文は、QRコードより確認してください。

教材の概要

　山の中にある一本橋をうさぎが渡ろうとすると、向こうからおおかみがやってきます。おおかみに怒鳴られたうさぎは、仕方なく後ろに戻ります。「えへん、えへん」おおかみはいい気持ちです。別の日、おおかみが橋を渡っていると、自分より大きなくまにぶつかりました。おおかみが後ろに戻ろうとすると、くまがおおかみを抱き上げ、そっと後ろにおろしてくれました。次の日からおおかみは、くまのようにうさぎを抱き上げ、後ろにおろしてあげました。「えへん、へん」おおかみは、前よりずっといい気持ちになりました。

私たちの道徳『はしのうえのおおかみ』p.70-73

　低学年の子どもたちにも分かりやすいように、お話には人ではなく動物が登場します。そのことを前提とした上で、考えていきたいと思います。もし、『はしのうえのおおかみ』のような特定場面に出会ったとき、主人公のように行動すればよいのだなと考えてもよいのでしょうか。これから記す内容を、子どもたちに話すつもりはありませんが、もし目の前におおかみがいたら、一目散に逃げるべきです。それは自分の身が危険だからです。また、一本橋で出会ったとき、相手を持ち上げて、自分の後ろへ運ぶことは危険すぎます。ましてや、橋の下は川です。落ちてしまっては大変です。また、急に持ち上げられた方も恐怖を覚えるかもしれません。
　学校現場で考えてみましょう。体育科の授業で、平均台を使用したサーキットを行ったとします。平均台の上で誰かと出会ったときは、じゃんけんをして負けた方が平均台から降りるというルールを設定したとします。もし、目の前で子どもたちが『はしのうえのおおかみ』に描

かれているように、相手を持ち上げて自分の後ろへ運んでいる様子を見たとしたらどうしますか。仮に『はしのうえのおおかみ』の学習で、「このようなときは、相手のことを考えましょう。そして、ゆっくりと持ち上げて通してあげましょう」というように授業を展開したとするならば、平均台の上で友達を持ち上げた子どもに注意することはできないでしょう。

改めて考えても、教材にはかなり特殊な場面が描かれています。具体的な行為が描かれている教材を通して、抽象的な価値を考えるのですから、特殊な場面が描かれていて当然です。しかし、「価値の一般化」を図るためには、教材から離れて考えることが大切だと考えます。

そして、もう一つ。導入、展開、終末で意識していることについてです。先ほど、意識していることが他にもあると記しました。それは「価値の一般化」との関わりです。導入、展開、終末で「価値の一般化」を妨げない工夫を表に引用しますので参考にしてください。

導入	いうまでもなく導入段階の役割は、<u>主として、「ねらいとする価値への方向づけ」</u>であり、導入の仕方としてはさまざまなものが考えられるが、その構想を立てる際の一つの配慮事項として、<u>価値の一般化を妨げないということを忘れてはならない。</u>どのような導入が価値の一般化を妨げるかというと（中略）「マラソンのときの苦しそうな表情の写真を見て、感想を発表する。」という導入であった。これは、展開前段で活用される資料の内容（素材）がマラソンであるということから、資料への関心を高め、同時にねらいとする価値（勇気・不屈）への方向づけも考慮してのことと推察されるが、実はこの導入では、価値の一般化を妨げる恐れが十分にあると思われるのである。なぜかというと、導入段階でマラソンの話が出され、展開前段で主人公のマラソンに関する話が取り扱われ、さらにもし終末段階でもマラソン関係の話が出ると、多くの子どもたちには、<u>「マラソンにかかわる勇気・不屈」</u>の学習であったと受け取る可能性が十分に考えられるからである。（中略）そこで、<u>導入段階では、展開段階で活用する資料の内容（素材）とは異なる内容（素材）を取り上げることが適切であり、そのことによって、展開後段での価値の一般化が妨げられる恐れが減少する</u>といえるのである。
展開前段 （教材と本時の内容項目との関連について考える時間）	展開前段では、「資料においてねらいとする価値の追究把握をさせる段階」であるから、通常はこの段階での「価値の一般化」は必要ではないとされている。しかし、前段に引き続いての展開後段をより効果的に行うことを考慮するならば、それとの関連を図る工夫が必要であり、価値の一般化を無視することはできない。どのような関連を図るのかというと、前段での基本発問に対する子どもの発言をまとめるときに、<u>後段での価値の一般化にも役立つ整理の仕方を工夫することによって関連を十分に図る</u>のである。特に、中心発問の場合には子どもたちから多様な価値観が主人公などに託して語られるわけであるが、それらの発言をどのように分類し整理するかは授業の効果を<u>左右するほどの重要な問題である。</u>このときに、展開後段での価値の一般化をどのように行うかの構想、計画に応じて、適切に分類整理することが望まれる。

展開後段 （自分自身と本時のテーマとの関わりについて考える時間）	展開後段で価値の一般化を図るためには、原則として二つの発問が必要といえる。その第一は、子どもたちに、「日ごろの自分を振り返らせるための発問」である。例えば、ねらいとする価値が「親切」であれば、「人に親切にした経験」や「親切にできなかった経験」などを問うのである。（中略）第一の発問に続く第二の発問は、日ごろの自分を振り返らせたことを受けて、「現在の自分の価値観を自覚させるためのもの」である。第一の発問によって子どもたちは、ねらいとする価値に関してのさまざまな経験を思い出す。みんなの前で自分自身の行為を発表した子どもはもちろん、発表しなかったけれども他の子どもたちの発表を聞いて、「ああ、自分もそのようなことがあった。」と気づいた子ども、ねらいとする価値に関しての望ましい行為ができた自分、できなかった自分を振り返るのであるが、ここで授業者は、「これまでの自分は、ねばり強さの点でどうであったか。」「相手のことを考えて親切にする点で、これまでの自分はどうであったか。」などの言葉で、第二の発問を行うのである。
終末	終末段階は、「１時間の学習の整理・まとめ」を行う段階であるが、その際にも、導入段階の場合と同じように、価値の一般化を妨げない工夫をしなければならない。先にもマラソンの例を挙げたが、終末段階での「教師の説話、体験談」によるまとめの中には、資料の内容（素材）と全く同じ内容（素材）か非常に近い内容（素材）が用いられている授業例が少なくない。これらはいずれも、展開後段で価値の一般化の工夫によってせっかく上げた効果をかえって減少させていると考えられるのである。したがって、終末段階におけるさまざまな整理・まとめに取り上げられる内容（素材）は、展開前段での資料内容（素材）とは異なるものを用意し、さらに導入段階での内容（素材）とも異なるものであることが必要であろう。

青木孝頼（1995）『道徳授業の基本構想』文溪堂 p.90-93より（下線部は筆者）

　「価値の一般化」を妨げないためには、教材と同じ内容を導入や終末で取り扱わないことが大切だということが分かっていただけたと思います。「同じ内容を取り扱うことで、子どもたちの興味を引く」という点においては効果的だと思いますが、特定の場面でしか考えることが難しくなるのであれば、同じ内容を取り扱わない方がよいでしょう。私も、そのことを意識していて、導入では教材と同じ内容ではなく、「自由って何だろう？」のように、本時の内容項目や考えたいテーマを直球で問いかけるようにしています。

　ここで難しいと感じているのが、教材と同じ内容を取り扱わなくても、主人公の価値観と導入で考えた子どもたちの価値観が同じ、または似ていた場合に「価値の一般化」を妨げてしまう可能性があることです。

　先ほど記した『うばわれた自由』でも、同じことが起きました。導入で、「法を破らなければ自由にしてよい」という考えが出ました。そして、教材の内容を確かめると、ジェラール王子は、法を破り自分勝手な行動をしたために捕らえられてしまいます。子どもたちの価値観と教材が近かったため、教材の内容を理解しやすかったと思います。

しかし、どうしても「自由にするためには、きまりを守ることができているかが大切になってくる」というように考え始める子どもたちが増えてきました。もちろん、「自由」と「きまり」は関連していると考えますが、その考えに引っ張られ続けることなく、「自由」についてさらに考えていきたかったのですが、うまくいきませんでした。当然、導入に出てきた子どもたちの考えが悪いのではありません。私が子どもたちの考えを生かしきれなかったのです。

まずは教師自身が道徳的価値を多面的・多角的に考えること、そして発問をしながら子どもたちも多面的・多角的に考えることができるように、授業力を磨いていきたいと感じました。

⑥「価値観の4類型」を意識する

道徳の研修会に参加したときの話です。模擬授業をされた先生のことをファシリテーターがこのように紹介していました。

> ○○先生は、子どもたちの意見を聞いて瞬時に内容を理解し、黒板のどこに板書するかを決めています。授業の達人です。

模擬授業をされた先生は、「そんなことありません」と否定されていましたが、改めて黒板を見ると内容ごとに整理されていることに気が付きました。とても私にはできないし、そもそもそんなことを考えもしなかったと感じたことを覚えています。その後、次に引用する本と出会いました。

> 道徳授業で資料を活用するに当たって、「資料活用類型」の中で「共感的な活用」を用いた場合の中心発問に対する児童生徒の発言を整理・分類することに関して、また展開後段での「価値の一般化」を図ることに関して、「価値観の類型」「価値観の類型化」のことばを使用したものである。（中略）価値観の類型化の問題は、道徳の指導過程の展開前段において、中心発問に対して児童生徒からさまざまな発言が出てきたときに、それらの整理・分類をどのようにすれば効果的であるかを追求する過程で生まれてきたものである。（中略）授業者によってはねらいとする価値に基づく整理・分類を考慮せずに、単に主人公の行動の仕方の分類や、同じ次元と考えられる価値観内の分類だけにとどまる整理を行うことが少なくなかった。そうした授業を道徳の特質を考えて改善していく研究を積み重ねていく過程で、ねらいとする価値（あるいは、ねらいに含まれる価値）にかかわる児童生徒の価値観のいくつかの段階を想定し、それらに応じて子どもの発言を整理し、分類することが望ましいという結論が出たのであった。
>
> 青木孝頼 編著（1990）『授業に生かす価値観の類型』明治図書出版 p.8-9より（下線部は筆者）

読んだ瞬間に、「あのときの模擬授業をされた先生のことだ!」と思いました。授業前に、本時に取り扱う内容項目に含まれている道徳的価値について、学級の子どもの実態を考えておくこと。出てきた意見をさらに深めるために、問い返し発問をすることなど「価値観の4類型」を意識することで、授業が変わると感じました。

それで、結局「価値観の4類型ってどんなものなの?」という声が聞こえてきそうですね。

「価値観の4類型」は、現行の学習指導要領や学習指導要領解説を基につくられたものではないため、現在の内容項目とは名称やねらいが異なります。しかし、授業づくりの参考になる点もあるので例を挙げたいと思います。

■自主自律

A　自分で考え判断して決める。

B　他人の意見で迷うが、最後は自分で決める。

C　自分の考えはもつが、他人の意見に左右されやすい。

D　自分の考えはもてず、最後まで迷ったり、他人の意見に従いやすい。

青木孝頼 編著（1990）『授業に生かす価値観の類型』明治図書出版 p.17より

この四つを読んで、どのように感じられましたか。もし、「自分はA～Dのどれに近いかな」「他人の意見で迷うとこもあるな」というように感じられたのなら、道徳授業の発問や問い返し発問で活用できるかもしれません。

例えば、「今みんなから、いろいろな意見が出てきたけど、みんなはどの考えに近いかな？」「誰かの意見で迷うことって悪いことなの？ 迷っているということは、意見をしっかりと聞いて考えている証拠だと思うな」というような発問です。他にもいくつか「価値観の4類型」を記しますので、参考にしていただけたらと思います。

ただし、気を付けていただきたいことがあります。それは、道徳科の評価についてです。

先ほど、道徳科は「到達目標」ではなく「方向目標」ということを記しました。「価値観の4類型」は、ABCDと記されています。読んでみると、Aが望ましいということは明白ですが、「到達目標」として捉えないでください。あくまでも、授業づくりや授業中においての発問や板書などのヒントにしていただきたいのです。「みんなは自分の考えをもった方がいいと話してくれたけど、自分の考えをもつことが難しいときはないかな？　どんなときに自分の考えをもつことが難しいのかな？」というように、「人間理解」の視点からも発問を考えることができるでしょう。

■個性伸長

A　自分の特徴を知り、長所を伸ばそうとする。

B　自分の特徴に気付いてはいるが、長所を伸ばそうとする努力が足りない。

C　まだ自分の特徴に気付いてはいないが、好きなことには努力する。

D　他人の長所をうらやむだけで、自分についての努力をしない。

■親切同情

A　相手の立場を考えて進んで親切にする。

B　相手の立場を十分には考えられないが、進んで親切にする。

C　進んで親切にすることが少ない。

D　相手の立場を考えようともせず、不親切なことをしやすい。

■公正公平

A　自分の好ききらいにとらわれず、常に公正公平にふるまう。

B　公正公平にふるまうことが多いが、時には自分の好ききらいにとらわれる。

C　自分の好ききらいにとらわれやすく、公平さに欠けることが多い。

D　自分の好ききらいにとらわれ、公平にふるまえない。

■生命尊重・健康安全

A　自他の生命を守り、健康を保とうとする。

B　他人のことまでは及ばないが、自分の身近な人の生命尊重・健康安全に留意する。

C　生命尊重までは気付いていないが、健康安全には留意する。

D　健康安全にもあまり留意しない。

青木孝頼 編著（1990）『授業に生かす価値観の類型』明治図書出版 p.17-20より

⑦子どもから学ぶ

　当然、子どもたちの発言から、授業づくりのヒントをもらうこともあります。

　3年生、内容項目Cの視点「伝統と文化の尊重、国や郷土を愛する態度」の授業のことです。特に「伝統」について考えていく教材です。伝統について考えていくと、子どもたちが通っている学校についての話になりました。その際、「ぼくたちが学校に来ているだけで、学校の伝統を守っていると思う」という考えが出てきました。詳しく聞いてみると、「ぼくたちが学校に登校しなかったら、この学校はつぶれてしまうよ。だから、伝統を守っているんだよ」と話してくれました。その意見に共感し、うなずいている子どももいました。その後、別の子どもが「校長先生は、前の校長先生から伝統を受け継いでいるのかな」という考えにも、共感している子どもがいて、子どもたちにとって身近な伝統について考えるきっかけになりました。この教材の教材研究をしたとき、学校の伝統について考えようとは思っていませんでした。仮に考えようとしていたとしても、2人の子どもたちの考えは私にはありませんでした。

　また、子どもたちの発言だけでなく、ワークシートの振り返りから学ぶこともあります。

　5年生、内容項目Aの視点「善悪の判断、自律、自由と責任」の授業のことです。特に「自由」について考えていく教材です。教材を通して「自由」について考えた後、「本当の自由」について考えていきました。授業の終末に振り返りを書いた際、このような考えが記されていました。「自由は、人の価値観でその人の自由が決まる。その価値観を決めるときこそが本当の自由だと思う」。価値観を決めるときは「よし。今から価値観を決めよう」とはならないと思います。その価値観を決めるときこそが本当の自由。子どもの振り返りから学んだ瞬間でした。

　このように、子どもから学ぶことも多くあります。私は、子どもたちの振り返りを毎時間記録として残しています。同じ教材だけでなく、同じ内容項目で子どもたちがどのように考えたか、私が振り返るためです。また、特に印象に残った振り返りは、学習指導要領解説（道徳編）に書き込むようにしています。第2章でも記しますが、学習指導要領解説に書き込むこと

で、授業づくりの際に、毎回確認することができるというよさがあります。

⑧教材研究するぞ！……ではなく

　ここまでは少しお堅い内容だったかと思いますが、書籍や論文以外からの学びも紹介したいと思います。「道徳の教材研究をしよう」と思っていたわけではありませんが、結果的に教材研究に結び付いた話を二つ紹介しようと思います。二つとも、職場での話です。

　一つ目は、マラソン練習での話です。本校にはマラソン大会があるのですが、大会に向けて全校一斉にマラソンの練習に取り組みます。決められた時間の中で運動場のトラックを何周することができるか計測し、マラソンカードに記録していきます。その練習中に聞いた、同僚の言葉です。マラソンの練習が終わる間際、疲れて歩いている子どもがいました。その子どもは、後ろを向きながら歩いていました。同僚はその子どもに、「ゴールは前にしかない。だから前を向いて走ろう！」と声をかけていました。子どもは、やる気に満ちた表情になり、力を振り絞り、再度走っていきました。「どうして後ろを見ているの！ 前を向いて走りなさい」と声をかけていたら、どうなっていたでしょう。再度走り出していたかもしれませんが、子どもの内面には「怒られた」という感情が残っているかもしれません。しかし、「ゴールは前にしかない。だから前を向いて走ろう！」と前向きな言葉であったため、「怒られた」という感情にはなっていないと思います。内容項目Aの視点「希望と勇気、努力と強い意志」との関わりを感じました。

　二つ目は、学級通信に関する話です。私は3種類の学級通信を発行しています。①道徳通信（詳しくは第2章でお伝えします）、②学級通信（子どもたちの様子編）、③学級通信（和の伝統行事編）です。和の伝統行事の学級通信では、「どうしてお花見をするの？」「どうしてこどもの日に、こいのぼりをあげるの？」「夏祭りに花火があがるのはどうして？」「夏だけでなく、秋にも祭りがあるのはどうして？」「節分って何？ どうして豆をまくの？」などを紹介しています。完成した学級通信を教頭先生に渡したとき、「郷土愛に関係しているね」という話をしてもらいました。もともとは、私が和の伝統行事について詳しくないので調べてみようと思ったとき、『子どもに伝えたい春夏秋冬　和の行事を楽しむ絵本』（永岡書店）という本に出合い、これを参考にして学級通信を発行し、子どもたちに紹介しようと思ったのがきっかけでした。そのため「郷土愛」について考え、学級通信を発行したというわけではありませんが、結果的に「郷土愛」や「伝統と文化」について学級通信を通して、子どもたちに伝えていました。内容項目Cの視点「伝統と文化の尊重、国や郷土を愛する態度」との関わりを感じました。

　このように、日常の会話の中にも、授業に活用することができるヒントがたくさんあります。「よし。教材研究をするぞ！」と思うことも大切ですが、普段の生活の中から授業づくりのヒントを見つけてみてはいかがでしょうか。

　ここまでは、教材研究をする際に私が大切にしていることを記しました。第2章では、実際の教材研究の流れを示します。「授業づくり支援ツール」の活用法については、巻末に掲載していますので、参照ください。では、続いて第2章に参りましょう。

第2章

教材研究の流れ

第2章では、教材研究ノートの活用と教材研究をする際の13のSTEPを解説します。

教材研究の方法は、人それぞれです。教科書をコピーし、教材文にどんどん書き込む。ノートに授業の略案を書き込む。指導書をベースに、自分の考えた発問を少し取り入れるなど、様々な方法があるでしょう。これから紹介するのは、あくまでも私の考える教材研究の方法です。「中村先生だからできるのでは？」と聞かれたことがありますが、そんなはずはありません。でも、「自分には合わない」と感じられたらやめる、または一部を参考にしてください。

　まずは、教材研究用のノートについてです。方眼ノート、罫線ノートなどがありますが、私は特にこだわりはありません。しかし、一つだけこだわりがあります。それは、見開き35ページ以上のノートということです。どうして35ページ以上かと言うと、年間35時間道徳科の授業があるからです。今後、ノートを用意される方は、表紙に書いてあるページ数をチェックして購入してみてください。

　では、教材研究の流れを紹介します。

STEP 1　内容項目を確認する

　まずは、本時の教材の内容項目を確認します。確認後、学習指導要領解説を読みます（読み方は、第3章で記します）。文部科学省のホームページを検索すれば、データでも読むことができます。内容項目に含まれている道徳的価値に関する内容を把握することで、授業が大きく変わります。

　第1章で紹介した、『うばわれた自由』で教材研究を始めていきます。内容項目はＡの視点「善悪の判断、自律、自由と責任」です。5年生のねらいは「自由を大切にし、自律的に判断し、責任のある行動をすること」です。まずは、教材研究ノートに、授業を行う日、教材名、内容項目を写します（①）。

　その後、ウェビングマップを活用します（②）。中心に本時に考える道徳的価値（ここでは「自由」）を書き、考えを広げていきます。ここで考えを広げておくことで、問いが生まれることもあり、授業で活用することもできます。ウェビングマップの周りに、「ABCD」と書いているのが分かりますか。これは、内容項目の四つの視点のことです。

Ａ　主として<u>自分自身</u>に関すること
Ｂ　主として<u>人</u>との関わりに関すること
Ｃ　主として<u>集団や社会</u>との関わりに関すること
Ｄ　主として<u>生命や自然、崇高なもの</u>との関わりに関すること

　ウェビングマップで考えを広げる際、「Ａの視点ではどのように考えられるかな。Ｂの視点ではどうかな」というように考えるようにしています。そうすることで、授業中の子どもたちの発言を「今はＣの視点で考えているな」というように意識して聞くことができます。第1章で載せた教材研究ノートを見てもらえば分かるのですが、当初はABCDに分けずに考えていました。この点については、読者のみなさんに合う方法を選んでいただければと思います。

教材研究ノート①

教材研究ノート②

内容項目一覧表

	小学校第1学年及び第2学年	小学校第3学年及び第4学年
A　主として自分自身に関すること		
善悪の判断、自律、自由と責任	(1) よいことと悪いこととの区別をし、よいと思うことを進んで行うこと。	(1) 正しいと判断したことは、自信をもって行うこと。
正直、誠実	(2) うそをついたりごまかしをしたりしないで、素直に伸び伸びと生活すること。	(2) 過ちは素直に改め、正直に明るい心で生活すること。
節度、節制	(3) 健康や安全に気を付け、物や金銭を大切にし、身の回りを整え、わがままをしないで、規則正しい生活をすること。	(3) 自分でできることは自分でやり、安全に気を付け、よく考えて行動し、節度のある生活をすること。
個性の伸長	(4) 自分の特徴に気付くこと。	(4) 自分の特徴に気付き、長所を伸ばすこと。
希望と勇気、努力と強い意志	(5) 自分のやるべき勉強や仕事をしっかりと行うこと。	(5) 自分でやろうと決めた目標に向かって、強い意志をもち、粘り強くやり抜くこと。
真理の探究		
B　主として人との関わりに関すること		
親切、思いやり	(6) 身近にいる人に温かい心で接し、親切にすること。	(6) 相手のことを思いやり、進んで親切にすること。
感謝	(7) 家族など日頃世話になっている人々に感謝すること。	(7) 家族など生活を支えてくれている人々や現在の生活を築いてくれた高齢者に、尊敬と感謝の気持ちをもって接すること。
礼儀	(8) 気持ちのよい挨拶、言葉遣い、動作などに心掛けて、明るく接すること。	(8) 礼儀の大切さを知り、誰に対しても真心をもって接すること。
友情、信頼	(9) 友達と仲よくし、助け合うこと。	(9) 友達と互いに理解し、信頼し、助け合うこと。
相互理解、寛容		(10) 自分の考えや意見を相手に伝えるとともに、相手のことを理解し、自分と異なる意見も大切にすること。

『小学校学習指導要領（平成29年告示）解説　特別の教科道徳編』p.26-27より

学年段階ごとに示されている内容項目は、道徳教育における学習の基本です。該当の学年だけでなく、前後の学年、さらには中学校での指導の視点を見通すことが大切です。ご自身の教材研究の際に、ぜひお役立てください。

小学校第5学年及び第6学年	中学校	
A　主として自分自身に関すること		
（1）自由を大切にし、自律的に判断し、責任のある行動をすること。	（1）自律の精神を重んじ、自主的に考え、判断し、誠実に実行してその結果に責任をもつこと。	自主、自律、自由と責任
（2）誠実に、明るい心で生活すること。		
（3）安全に気を付けることや、生活習慣の大切さについて理解し、自分の生活を見直し、節度を守り節制に心掛けること。	（2）望ましい生活習慣を身に付け、心身の健康の増進を図り、節度を守り節制に心掛け、安全で調和のある生活をすること。	節度、節制
（4）自分の特徴を知って、短所を改め長所を伸ばすこと。	（3）自己を見つめ、自己の向上を図るとともに、個性を伸ばして充実した生き方を追求すること。	向上心、個性の伸長
（5）より高い目標を立て、希望と勇気をもち、困難があってもくじけずに努力して物事をやり抜くこと。	（4）より高い目標を設定し、その達成を目指し、希望と勇気をもち、困難や失敗を乗り越えて着実にやり遂げること。	希望と勇気、克己と強い意志
（6）真理を大切にし、物事を探究しようとする心をもつこと。	（5）真実を大切にし、真理を探究して新しいものを生み出そうと努めること。	真理の探究、創造
B　主として人との関わりに関すること		
（7）誰に対しても思いやりの心をもち、相手の立場に立って親切にすること。	（6）思いやりの心をもって人と接するとともに、家族などの支えや多くの人々の善意により日々の生活や現在の自分があることに感謝し、進んでそれに応え、人間愛の精神を深めること。	思いやり、感謝
（8）日々の生活が家族や過去からの多くの人々の支え合いや助け合いで成り立っていることに感謝し、それに応えること。		
（9）時と場をわきまえて、礼儀正しく真心をもって接すること。	（7）礼儀の意義を理解し、時と場に応じた適切な言動をとること。	礼儀
（10）友達と互いに信頼し、学び合って友情を深め、異性についても理解しながら、人間関係を築いていくこと。	（8）友情の尊さを理解して心から信頼できる友達をもち、互いに励まし合い、高め合うとともに、異性についての理解を深め、悩みや葛藤も経験しながら人間関係を深めていくこと。	友情、信頼
（11）自分の考えや意見を相手に伝えるとともに、謙虚な心をもち、広い心で自分と異なる意見や立場を尊重すること。	（9）自分の考えや意見を相手に伝えるとともに、それぞれの個性や立場を尊重し、いろいろなものの見方や考え方があることを理解し、寛容の心をもって謙虚に他に学び、自らを高めていくこと。	相互理解、寛容

	小学校第1学年及び第2学年	小学校第3学年及び第4学年
C　主として集団や社会との関わりに関すること		
規則の尊重	(10) 約束やきまりを守り、みんなが使う物を大切にすること。	(11) 約束や社会のきまりの意義を理解し、それらを守ること。
公正、公平、社会正義	(11) 自分の好き嫌いにとらわれないで接すること。	(12) 誰に対しても分け隔てをせず、公正、公平な態度で接すること。
勤労、公共の精神	(12) 働くことのよさを知り、みんなのために働くこと。	(13) 働くことの大切さを知り、進んでみんなのために働くこと。
家族愛、家庭生活の充実	(13) 父母、祖父母を敬愛し、進んで家の手伝いなどをして、家族の役に立つこと。	(14) 父母、祖父母を敬愛し、家族みんなで協力し合って楽しい家庭をつくること。
よりよい学校生活、集団生活の充実	(14) 先生を敬愛し、学校の人々に親しんで、学級や学校の生活を楽しくすること。	(15) 先生や学校の人々を敬愛し、みんなで協力し合って楽しい学級や学校をつくること。
伝統と文化の尊重、国や郷土を愛する態度	(15) 我が国や郷土の文化と生活に親しみ、愛着をもつこと。	(16) 我が国や郷土の伝統と文化を大切にし、国や郷土を愛する心をもつこと。
国際理解、国際親善	(16) 他国の人々や文化に親しむこと。	(17) 他国の人々や文化に親しみ、関心をもつこと。
D　主として生命や自然、崇高なものとの関わりに関すること		
生命の尊さ	(17) 生きることのすばらしさを知り、生命を大切にすること。	(18) 生命の尊さを知り、生命あるものを大切にすること。
自然愛護	(18) 身近な自然に親しみ、動植物に優しい心で接すること。	(19) 自然のすばらしさや不思議さを感じ取り、自然や動植物を大切にすること。
感動、畏敬の念	(19) 美しいものに触れ、すがすがしい心をもつこと。	(20) 美しいものや気高いものに感動する心をもつこと。
よりよく生きる喜び		

小学校第5学年及び第6学年	中学校	
C　主として集団や社会との関わりに関すること		
(12) 法やきまりの意義を理解した上で進んでそれらを守り、自他の権利を大切にし、義務を果たすこと。	(10) 法やきまりの意義を理解し、それらを進んで守るとともに、そのよりよい在り方について考え、自他の権利を大切にし、義務を果たして、規律ある安定した社会の実現に努めること。	遵法精神、公徳心
(13) 誰に対しても差別をすることや偏見をもつことなく、公正、公平な態度で接し、正義の実現に努めること。	(11) 正義と公正さを重んじ、誰に対しても公平に接し、差別や偏見のない社会の実現に努めること。	公正、公平、社会正義
(14) 働くことや社会に奉仕することの充実感を味わうとともに、その意義を理解し、公共のために役に立つことをすること。	(12) 社会参画の意識と社会連帯の自覚を高め、公共の精神をもってよりよい社会の実現に努めること。	社会参画、公共の精神
	(13) 勤労の尊さや意義を理解し、将来の生き方について考えを深め、勤労を通じて社会に貢献すること。	勤労
(15) 父母、祖父母を敬愛し、家族の幸せを求めて、進んで役に立つことをすること。	(14) 父母、祖父母を敬愛し、家族の一員としての自覚をもって充実した家庭生活を築くこと。	家族愛、家庭生活の充実
(16) 先生や学校の人々を敬愛し、みんなで協力し合ってよりよい学級や学校をつくるとともに、様々な集団の中での自分の役割を自覚して集団生活の充実に努めること。	(15) 教師や学校の人々を敬愛し、学級や学校の一員としての自覚をもち、協力し合ってよりよい校風をつくるとともに、様々な集団の意義や集団の中での自分の役割と責任を自覚して集団生活の充実に努めること。	よりよい学校生活、集団生活の充実
(17) 我が国や郷土の伝統と文化を大切にし、先人の努力を知り、国や郷土を愛する心をもつこと。	(16) 郷土の伝統と文化を大切にし、社会に尽くした先人や高齢者に尊敬の念を深め、地域社会の一員としての自覚をもって郷土を愛し、進んで郷土の発展に努めること。	郷土の伝統と文化の尊重、郷土を愛する態度
	(17) 優れた伝統の継承と新しい文化の創造に貢献するとともに、日本人としての自覚をもって国を愛し、国家及び社会の形成者として、その発展に努めること。	我が国の伝統と文化の尊重、国を愛する態度
(18) 他国の人々や文化について理解し、日本人としての自覚をもって国際親善に努めること。	(18) 世界の中の日本人としての自覚をもち、他国を尊重し、国際的視野に立って、世界の平和と人類の発展に寄与すること。	国際理解、国際貢献
D　主として生命や自然、崇高なものとの関わりに関すること		
(19) 生命が多くの生命のつながりの中にあるかけがえのないものであることを理解し、生命を尊重すること。	(19) 生命の尊さについて、その連続性や有限性なども含めて理解し、かけがえのない生命を尊重すること。	生命の尊さ
(20) 自然の偉大さを知り、自然環境を大切にすること。	(20) 自然の崇高さを知り、自然環境を大切にすることの意義を理解し、進んで自然の愛護に努めること。	自然愛護
(21) 美しいものや気高いものに感動する心や人間の力を超えたものに対する畏敬の念をもつこと。	(21) 美しいものや気高いものに感動する心をもち、人間の力を超えたものに対する畏敬の念を深めること。	感動、畏敬の念
(22) よりよく生きようとする人間の強さや気高さを理解し、人間として生きる喜びを感じること。	(22) 人間には自らの弱さや醜さを克服する強さや気高く生きようとする心があることを理解し、人間として生きることに喜びを見いだすこと。	よりよく生きる喜び

STEP 2 書籍から学ぶ

　学習指導要領解説から学んだ後、書籍から道徳的価値について学びます。おすすめの5冊を紹介します。

①赤堀博行（2021）『道徳的価値の見方・考え方：「道徳的価値」の正しい理解が道徳授業を一歩先へ』東洋館出版社
②赤堀博行 監修、日本道徳科教育学会 編著（2021）『道徳教育キーワード辞典：用語理解と授業改善をつなげるために』東洋館出版社
③島恒生（2020）『小学校・中学校納得と発見のある道徳科：「深い学び」をつくる内容項目のポイント』日本文教出版
④新宮弘識（2016）『道徳授業ハンドブック3　特別の教科道徳の内容項目がこの一冊でわかる!』光文書院
⑤鹿児島県小学校教育研究会道徳部会 編（2021）『かごしまの「道徳的価値分析本」』

　本を読み、学んだことや新たな視点を先ほどのウェビングマップに追記していきます。

STEP 3 教材を分析する

　ここで初めて、教材を読み、分析をしていきます。教材を読む前に、学習指導要領解説や書籍から学ぶことには理由があります。それは、第1章で記した「価値の一般化」を妨げないためです。展開でマラソンを扱う教材であれば、導入でもマラソンのことに触れてしまうと、「価値の一般化」を妨げる恐れがあることを記しました。教材も同じように考えています。私は教材の内容を知ってしまうと、無意識に教材に関係する道徳的価値ばかりを考えてしまいます。そのため、教材からではなく、内容項目に含まれている道徳的価値から考えていきます。その方が、フラットな視点で考えることができます。もちろん、授業をすることが2回目以降の教材で、内容を知っている場合もあるでしょう。その際も、同じ順に教材研究をしていきます。また、子どもたちと一緒に考えた結果、前回はどのような授業になったか、子どもたちは振り返りに何と書いていたかを確認することもあります。

　教材を読んで、気になったところや疑問に思ったところをピックアップしていきます。例えば、「主人公の道徳的な問題点は何か」「どうして主人公は変わることができたのか」などです。その後、教材をBefore-Afterで捉えていきます。

○○だった主人公が（Before）、△△（登場人物の言動など）を通して□□に変わった、または自分の言動を考え始めた（After）。

というようなイメージです。主人公の変容があまり見られない教材もあるので、すべての教材に活用することができるわけではありませんが、多くの教材で活用することができます。主人公が変容した場面に着目することで、「このとき、主人公はどんなことを考えていたでしょう」「何が主人公を変えたのでしょう」というような問いが考えられます。その場面が、中心発問になることもあるでしょう。

STEP 4 発問を考える

　ここからは発問づくりについてですが、ここまでの教材研究の中で、すでにいくつかの発問を考えることができているのではないでしょうか。
　発問は、5つに分けて考えていきます。詳しくは、拙著『子どもと共に本気で考える！　小学校5つの「発問」でつくる道徳授業』（東洋館出版社）を確認していただきたいのですが、概要は以下の通りです。

	発問の概要	発問の効果
①直球発問	授業の最初（導入）に問いかける発問。	導入から、本時のねらいにグッと迫る。
②問い返し発問	子どもたちの考えに対し、教師が即興的に問いかける発問。	子どもたちの考えを揺さぶる。引き出す。思考を深める。
③教材理解を促す発問	「中心発問」や「教材を自分事として捉え、道徳的価値に迫る発問」に向かうための発問。	「中心発問」や「教材を自分事として捉え、道徳的価値に迫る発問」を深めるための基になる。
④中心発問	本時のねらいに迫るための発問。	本時のねらいに迫る。
⑤教材を自分事として捉え、道徳的価値に迫る発問	教材を通して考えたことを自己の生活に生かすことをねらいとした発問。	教材の中の特殊な場面から離れ、自己の生活に生かす。

　「①直球発問」は、内容項目に含まれている道徳的価値を直球で問う発問です。今回の『うばわれた自由』では、特に「自由」について考えていきます。「自由って何だろう？」「自由を大切にするって何だろう？」「自由に生きるって何だろう」というようなテーマで問いかけることが考えられます。今回は、幅広く考えていくために「自由って何だろう？」という直球発問を選択しました。
　「②問い返し発問」では、「どうして〇〇なのかな？」「どうしてそう思ったの？」というようにwhyを意識すると、子どもに問い返しやすいでしょう。
　「③教材理解を促す発問」は、先ほど教材を読んでピックアップした、気になったところや疑問に思ったところを発問にします。

37

「④中心発問」は、Before-Afterで捉えた場面を発問にすることが多いです。
「⑤教材を自分事として捉え、道徳的価値に迫る発問」では、ウェビングマップを活用し、考えを広げたことをヒントにして発問を考えます。また、教材の内容ではなく、教材に描かれている道徳的価値について発問にします。

では、ノートに発問を書き出してみます。「③教材理解を促す発問」と「⑤教材を自分事として捉え、道徳的価値に迫る発問」を意識的に書き出していきますが、発問を書く順は決めていません。思いついた順に書いていきます。

教材研究ノート③

※発問を見やすくするため、データ作成しました。

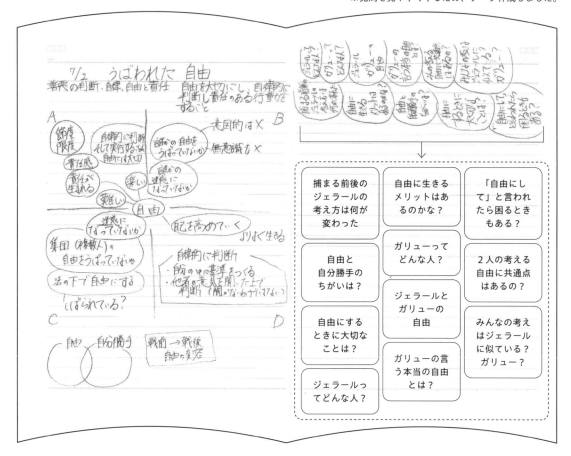

発問づくりについてですが、職場や研修等で「なかなか発問が思いつかなくて困っています」という声を何度か聞きました。発問例は、書籍などに掲載されていることが多いので、参考にしていただければと思います。では、どのように発問を考えているのか、私にとって発問づくりをする際の考え方の根幹となるものを紹介します。

一つ目は、ヨシタケシンスケさんの『なんだろうなんだろう』（光村図書出版）という絵本です。ヨシタケシンスケさんは、ある対談で「正解が一つだと誤解されない表現を目指すことを書くルールとしている」と話されていました。絵本の中でも「うそってなんだろう」「しあ

わせってなんだろう」「自分ってなんだろう」「ふつうってなんだろう」というように、道徳的価値を多面的・多角的に考えた視点で描かれています。また、登場人物の表情や発言から、クスッと笑えるような表現も多いです。実は「直球発問」も、この絵本を参考につくりました。

二つ目は、やまざきひろしさんの『答えのない道徳の問題　どう解く？』（ポプラ社）という本です。「食べていい動物と、食べちゃいけない動物の違いってなんだろう？」「ついていい嘘と、ついちゃいけない嘘ってどう違うんだろう？」「殴られても蹴られてもないのに、痛いって感じるのはどうしてだろう？」。このような問いが記されています。さらに、この問いに対して、子どもたちが自分の考えを述べています。授業で問いを出した際の、子どもたちの反応が記されているように感じ、とてもイメージしやすかったです。

三つ目は、NHK for School『Q～こどものための哲学』という番組です。哲学と書かれていると、難しそうな印象をもたれる方もいらっしゃると思いますが、そんなことはありません。一度は疑問に感じたことがあるであろう問いに向き合い、考えていくことができる動画になっています。発問づくりの参考になるだけでなく、この動画を使って道徳科の授業もできるでしょう。その他にも、おすすめな点があります。それは「Qワードカード」です。考えを広げたり、立ち止まって考えたりすることができる優れものです。「問い返し発問」の際にも、効果的に活用することができるでしょう。この「Qワードカード」ですが、ダウンロードすることもできますので、黒板に貼りながら授業を進めることもできます。

NHK for School
「Qワードカード
＆ワークシート」

四つ目は、「哲学対話」です。また哲学という言葉が出てきましたが、哲学者についての話をするものではありません。「哲学対話」の授業では、教材を読み、子どもたちが問いを考え、その問いについて話し合います。職場の校内研修やオンライン研修で問いをつくり、「哲学対話」をしたことがあるのですが、その際は教材を使わずに、内容項目を一つ選んで問いをつくりました。例えば、内容項目Ｂの視点「友情、信頼」で考えてみましょう。今回は考えやすいように「友達」をテーマとして問いをつくってみます。「友達がいて、うれしいなと感じるときってどんなとき？」「友達になるってどういうこと？」「どうして友達がほしいの？」「どんな友達がほしい？」「そもそも友達って何かな？」というような問いです。この中の「友達に

なるってどういうこと？」を問いにして、対話してみます。

> A：仲よくなることが友達になることだと思う。
> B：私もそう思う。
> C：仲よくなるのも大事だけど、だめってはっきり言うことも、大切だと思うな。
> B：それも分かるけど、私はだめって言うのが苦手かな。
> A：それはどうして？
> B：だってきらわれたくないもん。
> C：注意したくらいできらわれるなら、友達ではないと思うよ。

というようなイメージです。「友達になるってどういうこと？」を窓口として考えましたが、「そもそも友達って何かな？」という問いについても考えが広がっています。仮に授業で「哲学対話」という手法を使わないとしても、問いの考え方として参考になると思います。「哲学対話」に関して、複数の書籍が出版されていますが『子どもの問いではじめる！哲学対話の道徳授業』（明治図書出版）が入門編として読みやすく、分かりやすいと思います。

　ここで紹介した四つに共通することは、「答えが一つではない問い」です。だからこそ抽象度が上がり、自分の中での答えをもつことが難しいかもしれません。しかし、自己を見つめ、自己の生き方について考えていくためには、このような問いと向き合うことが大切です。ぜひ、発問づくりの際に参考にしてください。

STEP 5　子どもと共に考えたいことを明確にしていく

　明確にするということは、別の言い方をすると「授業の方向性を定めていく」ということだと考えています。そのときに意識したいことは、「この発問をして授業を進めていく」と考えないことです。では、先ほど考えた発問は意味がないではないかと聞こえてきそうですが、そんなことはありません。「この発問をして授業を進めていく」ではなく、「このような展開になれば、この発問で一緒に考えていきたい」というスタンスで考えていきます。教材研究ノートに記した発問の数が多いのはそのためです。当然、教材研究の際に考えた発問を、授業ですべて使うことはありません。複数の発問を考えておくことで、複数の展開案をもつことができます。そして、複数の展開案をもつことで、子どもたちの思考と教師の発問に大きなズレのない道徳科の授業になります。

STEP 6　板書計画を立てる

　次に板書計画の話に移りますが、その前にお話ししたいエピソードがあります。それは、教員採用試験についてです。教員採用試験には、面接試験があります。そして、そのために面接

の練習をしたのではないでしょうか。ここで質問です。面接対策として、面接で聞かれそうな質問例、それに対する自分の考えをノートなどにまとめましたか。私はノートにまとめませんでした。当時、まとめなかった明確な理由があったわけではないのですが、決して面倒だったからではありません（私は面接試験が初日の一番早い時間で、待っているときに周りの方たちが、ノートをじっくり見ていたときは、とても焦りましたが）。今なら、ノートにまとめなかった理由が分かります。それは、「ノートに書いた通りに話さないといけない」という思考になりそうだからです。きっと、想定していた質問があったとき、自分でノートに書いた考えを忘れてしまったら、とても焦ってしまい対応できなかったでしょう。

　実はこの考えと板書計画には、共通点があります。私は性格上、びっしりと板書計画を立てると、その通りに書きたくなってしまいます。また、その通りに書くためには、子どもたちに対して授業が誘導気味になってしまうでしょう。このような理由から、板書計画は立てすぎないようにしています。下の写真を見てもらうと分かりますが、余白だらけの板書計画になっています。第1章に載せた教材研究ノートの写真では、板書計画に余白が少ないですが、教材研究を重ねるごとに、自然と余白が増えてきました。子どもたちと共に本気で考えたいという私の授業スタイルでは、余白だらけの板書計画が合っているのだと思います。しかし、板書計画をしっかりと立てたからこそ、安心して授業を進めることができるという方もいらっしゃると思います。ご自身の性格や教育観に合わせて、考えてもらえればと思います。

教材研究ノート④

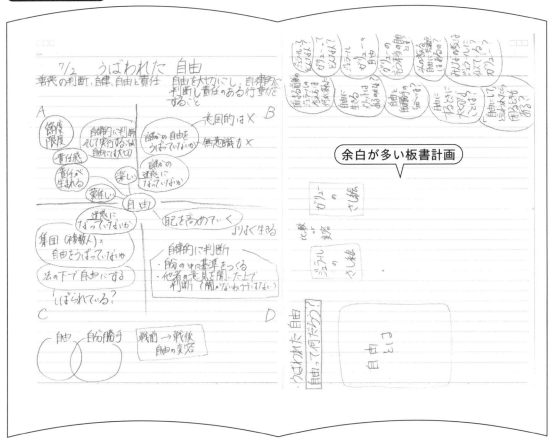

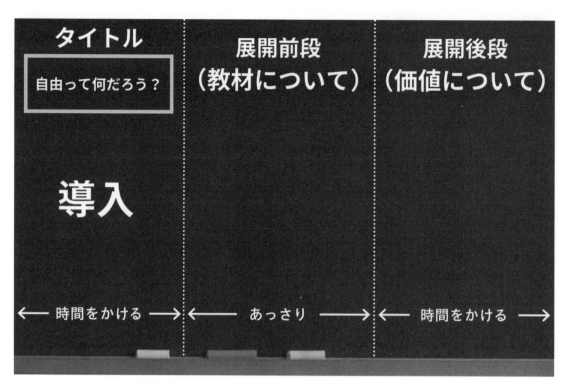

大まかな板書の構成

STEP 7　導入で活用するスライドをつくる

　発問を考え、そして板書計画を立てた後、どんな導入にするのか考えていきます。
　私は、授業の導入でスライドを使います。それは、イラストなどを活用しながら、考えを広げていくためです。スライドと授業の流れを説明していきます。

T 今日は自由について考えていきましょう。「自由」という言葉を知っていますか？
C 知っているよ。
T 使ったこともありそうですね。では、「自由」とは一体何でしょう。自分の考えをワークシートに書きましょう。

　時間をとり、子どもたちに現在の考えを書いてもらいます。その後、学級全体で考えを共有します。ある程度、共有したところで、イラストを活用していきます。

T 自由についていろいろ考えましたね。このイラストは、自由かな？
C 自由。
C 自由に遊んでいるし、楽しそう。

T じゃあこれは自由？

C　投げたらだめだよ。
C　でも自由は自由。
C　そうそう。だめかもしれないけど、投げるのは自由だよ。
C　でも、誰かに当たったら大変だし、自由すぎるのはよくないかな。

　ここまで考えてくると、イラストを見る前後で「自由」に対する考え方にズレが生じてくることがあります。
　「あれ、さっき自由は何をしてもいいことって言ってなかった？」と問い返すことで、「何をしてもいいけど、誰かに迷惑をかけてはいけないと思う」というように考えが広がっていきます。

T　では、今日のお話を読んでいきます。どんな自由が描かれているのだろうね。お話を読み終わったら、いつも通りお話を聞いてどんなことを思いましたかと聞くので、思ったことを教えてくださいね。

　このように進めていきます。そして終末には、 スライド5 のような振り返りの書き方の例を示します。もちろんこの通りに振り返りを書きましょうではありません。「書くときの参考にしてね」という程度です。4月、5月あたりまでは、テレビに映している振り返りの書き方を見ている子が複数いますが、次第に減ってきます。このスライドは、書くことが苦手と感じている子どもへのヒントカードのようなイメージで活用しています。

スライド5

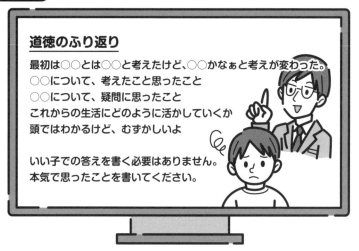

STEP 8　指導書の発問や年間指導計画を参考にする

　授業の全体を考えた後、指導書や年間指導計画を確認します。教材研究をしたときには思い浮かばなかった発問や教材の活用のポイントなどが見えてきます。また、評価の視点も記されているため、参考になる点が多いでしょう。

　授業の流れをイメージすることが難しいと感じている方は、指導書や年間指導計画を確認してから、教材研究を進めていくという流れをおすすめします。

STEP 9　授業案を寝かせる

　これがけっこう大事なんです。授業案をもう一度見返したとき、「こんな発問も使える！」となるときがあります。時間をかけて集中して考え抜くことも大切ですが、後日フラットな視点で授業案を見たときに、気付くことが多々あります。もちろん、時間に余裕がなければできませんが、ぜひ試してみてください。

STEP 10　授業を行う

　とにかく楽しみながら、子どもたちと共に本気で考えていくことを意識します。教材研究で準備したことや頭の中で考えたことは、あくまでも教師側の都合です。この発問をして子どもたちと考えたいという想いもあるかもしれませんが、子どもたちの思考とズレが生じていては意味がありません。とにかく楽しんで子どもたちと考えていきましょう。

STEP 11 子どもの振り返りを読み、道徳通信を作成する

　私は、授業の翌日、子どもたちに道徳通信を配布しています。内容は、学級全体で考えたことを5行程度でまとめ、残りはすべて、子どもたちの振り返りの一部を記します。授業中に取り扱うことのできなかった意見をまとめることで、多様な考えを知ることができ、「他者理解」にもつながります。

　道徳通信を作成する際に、意識していることがあります。それは、必ず全員分の振り返りを記すことです。数人の振り返りのみを記すと、「先生は、この振り返りがいいと思ったんだ」「この考え方が正解なんだ」と考える子どもがいるかもしれません。そのようにならないためにも、全員分の振り返りを記します。

道徳通信　〇〇小学校　〇年〇組
〇号　中村　優輝

　昨日は『自由』について考えました。自由といっても、いろいろな自由がありましたね。ジェラール王子の考える自由とガリューの考える自由は、全然違いました。「みんなが考えた自由は、2人のどちらにちかい？」と聞くと、いやそうな声で「ジェラール」とつぶやいていたのが印象的でした。自由とは一体何でしょう？みんなの考えを読んでみましょう。

自由って何だろう？

・「自由にしてもいいよ」と言われても、やっていいことといけないことがある。
・大切なのは、自由すぎずみんながこまらない自由と思う。
・自由は自由でも、きまりを守ってほどほどにすること。
・人に迷惑をかけてまでする自由は、本当の自由ではないと思います。
・自由の考え方は人それぞれ、王子は何をしてもいいと思っているし、ガリューは全員が平和に、自由になるのが自由だと思っている。
・みんなが幸せになるのが自由だと思うけど、自由って何かわからなくなってきた。
・自由がありすぎてわからなくなってきた。
・自由とは自分の好きなことをすることと思っていたけど、いろんな自由があることがわかった。
・自由とはみんなが等しいことだと思いました。
・みんなが言ったことは全部自由だけど、してはいけないことをして誰かを困らせるのは自由にはならない。
・やさしさがあることが自由だと思う。
・自由は人の価値観でその人の自由が決まる。その価値観を決めるときこそが本当の自由だと思う。
・〇〇さんみたいに「何をしてもいいけどやってはいけないこともある」これが本当のではなく本格的な自由だと思う。
・人そのものが自由だと思う。

・自由にしてもいいけど、みんなが守るものは守らないといけない。
・何かにしばられているから、自由はない。
・みんなが幸せになれてなおかつ、平等が自由。
・自由には、してはいけないこともある。でも何もできないのは自由ではない。
・人を助けるか助けないかも人の自由。自由は好きなことや考えがあること。
・自由について考えていると、永久に続くことがわかった。
・自由とは怒られないこと。ゲームをたくさんしても怒られない。
・自分勝手ではなくて、みんなのことも考えての自由。
・自由のときは自由にして、自由ではだめなときはきちんとすると頭で考えようと思った。
・自由なんてないのかもしれない。完全に何も考えないで自由にしている人はいない。
・自由がありすぎてもいけない。自由がなくても楽しくないので「ちょうどいい自由」というものがいいと思いました。
・自由は何をしてもいいけど、何もかもを自由にしてはいけない。
・自由はいろんなやってはいけないことがあるけど、やっていいことを考えるのが本当の自由かもしれない。
・自由はいっぱいある。自由は人それぞれだから、みんなが同じ自由はない。
・自由はいろいろな考えがあるから、人それぞれ。
・平和になれるための自由を考える人もいれば、自分のためだけに自由を考える人もいる。
・もし自由を考えるのであれば、みんなが喜ぶ自由を考えた方がいい。やってはいけない自由は、決して考えない。

STEP 12 子どもの振り返りに対し、コメントや問い返しコメントを書く

　道徳通信を作成する際に、一度子どもの振り返りに目を通しているため、スムーズに読むことができるでしょう。また、コメントを書くこともできるでしょう（自治体によってのコメント記載のルールは予め確認ください）。では、コメントについてです。コメントを書くときに

意識していることがあります。子どもたちの書いた振り返りを認め共感した上で、「問い返しコメント」を書くということです。「問い返しコメント」は、「問い返し発問」を文字で書くことに置き換えたと考えてください。子どもたちの発言に対して、考えを広げたり深めたりするために「問い返し発問」をするのと同じように、振り返りに対して「問い返しコメント」を書きます。そうすることで、子どもたちの発言に問い返す力も身に付きます。先ほど、道徳通信に記した振り返りを例にして、実際に書いた「問い返しコメント」を記します。

C　大切なのは、自由すぎずみんなが困らない自由だと思う。

T　みんなが困らない自由が大切。なるほど。困る人もいれば、困らない人もいると思うけど、どうやって判断すればいいと思う？

C　○○さんみたいに「何をしてもいいけどやってはいけないこともある」。これが本当のではなく本格的な自由だと思う。

T　「本格的」な自由。初めて聞きました。本格的な自由と本当の自由は違うのかな？

C　自由がありすぎてもいけない。自由がなくても楽しくないので「ちょうどいい自由」というものがいいなと思いました。

T　たしかに自由がないと楽しくないですね。どれくらいが「ちょうどいい自由」だと思う？

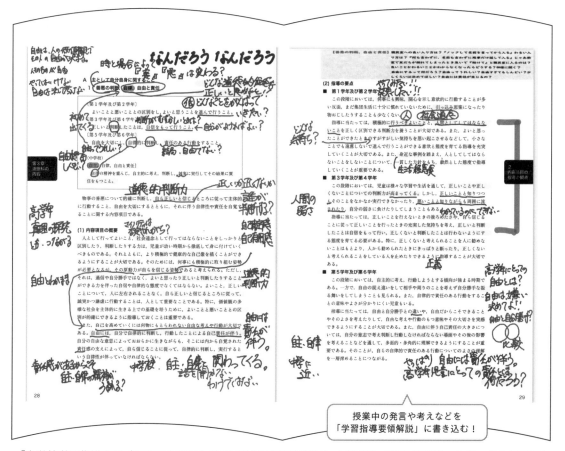

『小学校学習指導要領（平成29年告示）解説 特別の教科道徳編』内容項目「善悪の判断、自律、自由と責任」

また、授業中の発言や私にはなかった新たな考えに出合ったとき、学習指導要領解説に書き込むようにしています。学習指導要領が変わらない限り、学年が変わっても、自治体が採用している教科書が変わっても、内容項目は変わりません。教材研究のたびに、学習指導要領解説を確認するため、特に振り返りたい考えを書き込みます。今回は、「自由は人の価値観でその人の自由が決まる。その価値観を決めるときこそが本当の自由だと思う」「人そのものが自由だと思う」「もし自由を考えるのであれば、みんなが喜ぶ自由を考えた方がいい。やってはいけない自由は、決して考えない」。この三つの考えを記しました。

STEP 13 挿絵を掲示する

これは、教材研究ではありませんが、授業で活用した挿絵を学級に掲示しています。毎授業で挿絵を活用しているため、何か活用したいと考え、掲示することにしました。掲示していると「この前、命の勉強をしたとき、どんなことを考えたかな」「今日の話は、あのときの話に似ている」と子どもたちからつぶやきが聞こえてくるようになり、挿絵を掲示することのよさを感じました。

ここまでが教材研究の流れです。「はじめに」にも記したように、時間に余裕がないとき、教材研究の流れを一部を省略することもありますが、基本的にはこの流れで行っています。教材研究をするためには、子どもたちの実態を把握することが大前提です。子どもたちは今日考える道徳的価値に対してどのように考えているのか、前もって想定しておく必要があります。もちろん、実態を想定し、考えた授業案をそのまま使うこともあるかもしれませんが、多くはそのようにはいかないでしょう。授業をしながら、微調整していく必要があります。

さて、教材研究についてですが「毎回、学習指導要領解説を開いて確認するのが大変」「なかなか発問が思い浮かばない」という声を今までに何度も聞いてきました。そこで、誰でも簡単に、かつ「深い学び」を実現することができるようなものをつくることができないかを考えました。そして、ようやく再現することができました。それが、本書の付録データ「授業づくり支援ツール」です。学年と内容項目を選ぶだけで、各学年のねらいや発問例、板書計画やウェビングマップの枠組みなどが出てきます。ノートを活用して教材研究をされる方は先ほど記した流れで、「授業づくり支援ツール」を活用して教材研究をされる方は、印刷して手書きで書き込む、パソコンで打ち込んでから印刷する、iPadなどのタブレット端末を活用して書き込むなど、活用しやすいスタイルを選択していただければと思います。活用方法については、巻末（p.128-129）に掲載しています。

なお、第3章のはじめは、一つの教材を用いて、一緒に教材研究を進めていきます。教材研究ノート、または「授業づくり支援ツール」の準備をお願いします。

第3章

教材研究をやってみる

第3章では、読者のみなさんと一緒に教材研究を行っていきます。その後、私のこれまでの11本の教材研究を紹介します。

では、今から一緒に教材研究をしていきましょう。ノートまたは、付録データの準備はできているでしょうか。教材は『雨のバス停留所で』を選択しました。内容項目は、４年生、内容項目Ｃの視点「規則の尊重」です。

STEP 1 内容項目を確認する

　まずは、学習指導要領解説を読んでいきましょう。４年生の教材ですので「約束や社会のきまりの意義を理解し、それらを守ること」がねらいとなります。その際、当該学年のねらいだけでなく、他の学年のねらいも読んでいきましょう。「２年生の算数科で学習する九九は、３年生以降のどんな学習につながっていくのかな」と系統的な考えをもつことが大切なように、道徳科でも各学年のねらいを見て、系統性を意識することが大切になってくるからです。

　では、各学年のねらいを確認してみましょう。１・２年生で「約束やきまりを守ること」はすでに学習しているのだな。５・６年生では、「法やきまりの意義を理解した上で」という一文があるから、３・４年生の学習を踏まえた上で学習が進んでいるのだな。さらに「権利と義務」についても考えていくのか。中学校では「よりよい在り方について考える」「規律ある安定した社会の実現に努めること」まで考えていくのか。このように発達の段階に応じて、ねらいの理解が深まっていくことが分かります。

　学習指導要領解説では、「規則の尊重」について２学年ごとにまとめられています。注目してほしいのは、「この段階においては」と「指導に当たっては」という言葉です。「この段階においては」以降には、一般的な各学年の発達の段階が記載されています。道徳科の指導だけでなく、日々の学級経営の参考となる視点がたくさんあります。「担当している学級は、確かにこのような一面もあるな」と共感できることもあるでしょう。「指導に当たっては」以降は、文字通り、どのように指導していくとよいかが記されています。先ほどと同じように当該学年だけではなく、他の学年の内容も読むことをおすすめします。

　また、中学校の学習指導要領解説には、小学校の学習指導要領解説には書かれていない、参考になる視点が記載されています。今回で言えば、特に「自由」「遵法精神」「公徳心」についてです。小学校と中学校のそれぞれの学習指導要領解説を確認しておきましょう。

　それではノートに、授業を行う日、教材名、内容項目を写してください STEP 1 。なお、付録データを活用して教材研究をされる方も、教材研究の流れを確認しますので、このまま読み進めてください（巻末（p.128）には、「授業づくり支援ツール」を活用した教材研究の流れを記します）。

　次に、ウェビングマップを使って考えを広げていきましょう。道徳的価値を中心に書き STEP 2 、考えを広げていきます。中心に書くのは「規則」「きまり」「ルール」「約束」「公共の場」などが考えられます。それぞれ意味が異なりますが、一つを選んでください（先に主題を確認して、

特に本時に考える道徳的価値を確認し、ウェビングマップの中心に書く方法もおすすめです）。それでは、実際に書いて、考えを広げていってください STEP 3 。

　さあ、いかがでしょうか。何と書けばよいか悩まれたかもしれませんが、特に展開後段の発問づくりや問い返し発問に活用することができますので、ぜひ続けてみてください。私も最初はほとんど書くことができませんでしたが、書くことができるようになってから、発問のレパートリーが増え、授業がさらに楽しくなりました。

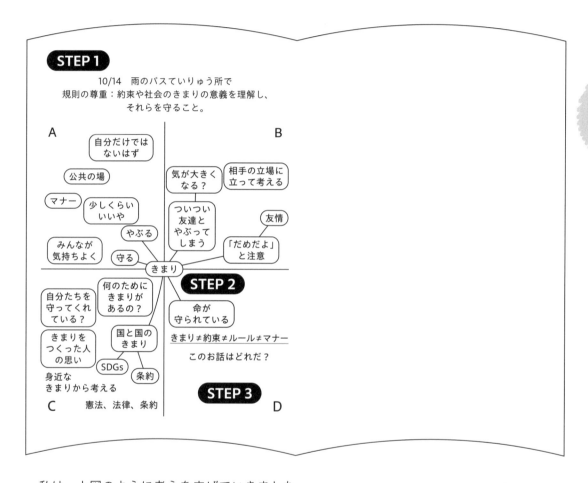

　私は、上図のように考えを広げていきました。
　では、左上の内容項目Ａの視点（自分自身に関すること）から見ていきましょう。きまりを守ることができることばかりではないでしょう。きまりを守ることができないこともあるかもしれません。どうして、きまりを守ることができないことがあるのでしょう。「少しくらいいいや」「自分だけではないはず」といった弱さから、きまりを破ってしまうこともあるかもしれません。右上、内容項目Ｂの視点（人との関わりに関すること）でも似たようなことを考えました。「友達と一緒にいると、気が大きくなって、きまりを破ってしまうことがある。そんなときこそ、注意するのも友達」というように考えました。左下、内容項目Ｃの視点（集団や社会との関わりに関すること）では、「そもそも何のためにきまりがあるのか。きまりは、私たちのことを守ってくれているのかな」と考えました。「このきまりをつくった人は、どのよ

うな思いできまりをつくったのか」という立法者の視点で考えることもできるかもしれません。右下、内容項目Dの視点（生命や自然、崇高なものとの関わりに関すること）では、「きまりがあるから命が守られていることもある」と考えました。この後、教材文を読むと分かりますが、今回の教材とウェビングマップの考えが直接的に関連している点は、少ないです。しかし、発問づくりのヒントになる可能性があります。

　また、今回は『雨のバス停留所で』という教材ですが、当然「規則の尊重」の教材は他にもたくさんあります。次に「規則の尊重」の授業をするとき、今回考えたことを参考にすることもできます。考えを書き出すことに慣れるまで少し時間がかかるかもしれませんが、「未来の教材研究をしている」と考えると、お得な感じがしませんか。

STEP 2　書籍から学ぶ

「規則の尊重」に関する書籍を読み、考えを広げていきます。2冊の書籍を引用します。

　この内容項目は、<u>規則を守るという遵法精神</u>と<u>公共のものや場の使い方のような社会生活上守るべき道徳という公徳心</u>の二つが関わっています。（中略）きまりを守り公共のものや場を大切にすることでみんなが気持ちよく生活できるようにすることが大切です。<u>なお、低学年では守った後の気持ちのよさからきまりの大切さを考え</u>、<u>学年が上がるにつれて</u>、<u>きまりがあることの意義や公徳の考え方</u>、さらには、<u>立法者としての視点へ</u>と展開します。

　島恒生（2020）『小学校・中学校納得と発見のある道徳科：「深い学び」をつくる内容項目のポイント』
日本文教出版 p.80より（下線部は筆者）

　公徳は私徳の対義語であるが、<u>「公徳心」とは、公的な集団や社会の中での約束やきまりの意義を認識し、それを大切にしようとする心</u>である。このような公徳心を身につけることができれば、その結果、当然のこととして、約束やきまりを守るという行為が生まれることになるが、<u>逆説すれば、約束やきまりを守るという行為を通して、公徳心が拡充していくともいえよう。</u>

　新宮弘識（2016）『道徳授業ハンドブック3：特別の教科道徳の内容項目がこの一冊でわかる!』
光文書院 p.33より（下線部は筆者）

　小学校と中学校の学習指導要領解説にも記されている「公徳心」について記されていました。今回の教材である『雨のバス停留所で』は、「公徳心」とのつながりに着目することも大切になってきます。後ほど、教材を読んで確認してください。

STEP 3 教材を分析する

では、ここで教材を読んでいきます。教材をご存知の方もいらっしゃると思いますが、QRコードを読み取っていただき、全文をお読みください。

私たちの道徳『雨のバス停留所で』p.124-127

　バスに一番に乗ろうとしたよし子がお母さんに引き止められ、バスに乗った後も「ほら座れなかったでしょう」という気持ちでいます（Before）。しかし、黙ったまま外をじっと見ているお母さんを見て、よし子は自分の行動を考え始めます（After）。この教材を読んで疑問に思ったことや感想はありましたか。私は、疑問に思ったことがいくつかありました。

　一つ目は、よし子がバスに乗ろうとした行動についてです。雨が降っているため、「バスに早く乗りたい」というよし子の気持ちは分かります。では、この行動は順番抜かしでしょうか。晴れているときにバスの停留所で並んでいたとして、前に並んでいる人を抜かしていったとしたら、明確な順番抜かしと言えるでしょう。しかし、今回はそうではありません。どの人も近くのたばこ屋さんの軒下で雨宿りをしながら、待っているのです。読者のみなさんは、順番抜かしだと思いますか。それとも順番抜かしではないと思いますか。意見は分かれると思うので、発問として活用できるかもしれません。

　二つ目は、暗黙の了解についてです。今回の教材のような場面では、停留所に近い人から、バスに乗っていくことが適切と感じる人もいるでしょう。もし、停留所に近い人からバスに乗っていくことが正しいとするのであるのならば、停留所に近い人からバスに乗るのは「きまり」でしょうか。「ルール」でしょうか。「マナー」でしょうか。それともそれ以外でしょうか。みなさんは、どのように思われますか。「きまり」とは何か。「ルール」とは何か。「マナー」とは何か。それぞれを分けて考えていくきっかけになるかもしれませんね。

　三つ目も暗黙の了解についてです。先ほどと同じように、停留所に近い人からバスに乗っていくことが正しいとします。よし子は、そのことを知っていたのでしょうか。もし知っていたのならば、悪いと分かっていながら自分が「バスに早く乗りたい」という気持ちを優先して順番抜かしをしています。反対に、もし知らなかったのであるのならば、よし子は悪いのでしょうか。自分の知らない暗黙の了解を守ることができなかったのですから、仕方がないのではないでしょうか。だから、よし子の行動は悪くないんだと言いたいわけではありません。知らない暗黙の了解（きまりやルール、マナーでも可）は、破ってしまってもいいのでしょうか。だめだとしても、知らないのですから守りようがありません。どうすればよいのでしょう。

　以上が、疑問に思ったことでした。この後、発問を書き出しますが、すでにみなさんもいくつかの発問が思い浮かんでいるかと思います。教材を分析したことを基にしながら、発問を書き出していきましょう。

STEP 4　発問を考える

　では、発問を考えていきましょう。「中心発問をどうしよう」「中心発問までの発問をどうしよう」といった難しいことは考えずに、純粋な気持ちで発問を考えていきましょう。
　もし余裕があるのならば、教材に関する発問と道徳的価値に関する発問の二つに分けて書くことをおすすめします。「教材に関する発問は思い浮かんだけど、道徳的価値に関する発問は、あまり思い浮かんでいないな」と確かめることができるからです。

　それでは、発問を書き出してみてください STEP 4 。先ほど、教材を分析したときに疑問に思ったことから発問にしていくことをおすすめします。

　発問を書き出すことができたでしょうか。すべての発問を授業で使うことはないでしょうが、発問がたくさんあることで、複数の展開案を考えることができます。では、私の教材研究ノートをご覧ください。

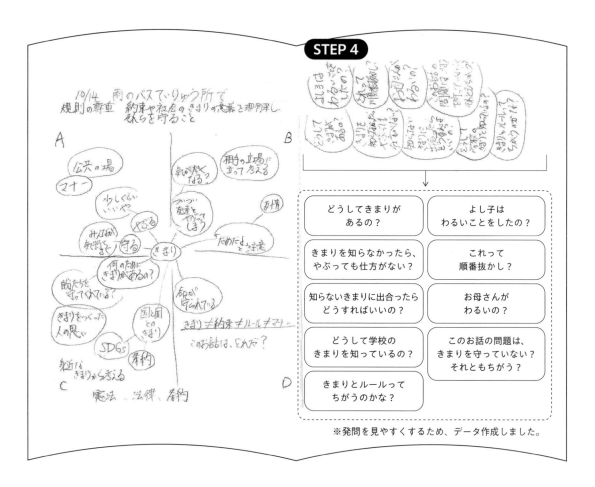

教材に関する発問	道徳的価値に関する発問
・よし子は、悪いことをしたの？ ・これって順番抜かし？ ・お母さんが悪いの？ ・このお話の問題は、きまりを守っていないこと？それともきまりではない？	・どうしてきまりがあるの？ ・きまりを知らなかったら、きまりをやぶっても仕方がない？ ・知らないきまりに出合ったらどうすればいいの？ ・どうして学校のきまりを知っているの？ ・きまりとルールって違うのかな？

　書き出した発問を表に分けてみました。道徳的価値に関する発問は、展開だけでなく、導入や終末にも活用することができるでしょう。発問はいくつあっても困りません。書き出した発問を基に、子どもと共に考えたいことを明確にしていきましょう。

STEP 5　子どもと共に考えたいことを明確にしていく

　それでは、展開案を明確にしていきましょう。私が考えた発問を基に、先に展開案を示したいと思います。

　一つ目は、順番抜かしに着目した展開です。もう一度聞きますが、よし子がしたことは順番抜かしだと思いますか。「並んでいる人がいるのに、先にバスに乗ったから順番抜かし」「みんな軒下で雨宿りをしているから、順番抜かしではない」など、多様な意見が予想されます。当然、どちらが正解という話ではありません。選んだ理由が大切なのです。そしてそこから、教材に描かれている問題は、きまりなのか。またそれ以外なのかを考えていく案です。

　二つ目は、よし子の気持ちに共感しながらも、順番通りにバスに乗る方がよいと考える展開です。順番にバスに乗っていくよさを考えていきます。そして、もしきまりがなければバスに乗るお客さんがどのようになってしまうのかを考えます。その後、教材から離れ、バス停以外のきまりを考えていくことで、きまりがあることのよさや、きまりは自分たちを守ってくれているということを考え始めるかもしれません。

　いずれにせよ大切なことは、「子どもと共に考えたいことを明確にしていくが、細かく決めすぎない」ということです。明確にするのに細かく決めすぎないというのは、矛盾しているように見えるかもしれませんが、方向性は定めるが授業に余白を残しながら子どもたちの思考に合わせて授業を展開させていくということです。教材研究のときに考えたのは、展開「案」です。それ通りに進めるのではなく、子どもたちと共に楽しく考えていきましょう。

　それでは、読者のみなさんも、考えられた発問を基にしながら授業案をつくってみてください。あくまでも展開「案」です。余白を残しながら、方向性を定めていきましょう。

STEP 6 板書計画を立てる

　次に板書計画を立てていきましょう。先ほど考えた展開案を基に考えていきます。その際、導入についても考えていきます。授業の方向性が定まったため、導入でどんなテーマを提示して考えていくかを検討していきます。私は、「きまりを守るって何だろう」というテーマを設定しました。このテーマを窓口にして考えていきます。また、終末の子どもたちの姿をイメージすることも大切でしょう。
　では、板書計画を立ててください STEP 6 。

　板書のイメージができあがってきたでしょうか。発問や授業の方向性、板書計画が明確になってきたと思います。ここで私の板書計画を見てください。

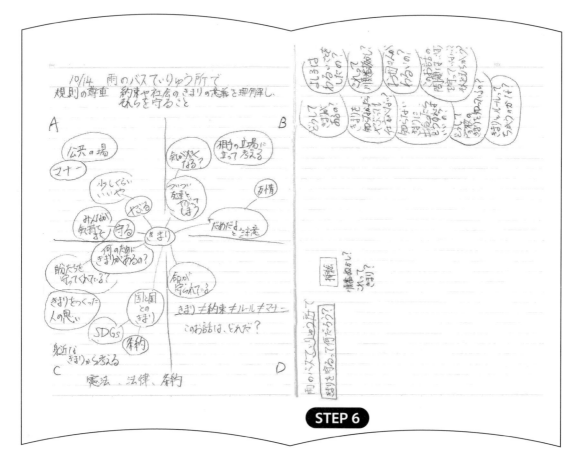

　第2章でも示しましたが、余白だらけの板書計画です。授業で活用したい挿絵を1枚選びましたが、それ以外はほとんど真っ白です。しかし、授業の方向性とおおまかな板書の配置は決まっていますので、私にはこれで十分です。もちろん板書計画を細かく書きたい方は、書いていただければと思います。

STEP 7　導入で活用するスライドをつくる

　次に、導入で活用するスライドをつくります。導入でスライドを活用し始めた1年目は、何もない状態から毎回スライドをつくっていました。しかし、2年目以降は前年度活用したスライドをベースにしながら授業で活用することができます。それは、採択している教科書が変わっても学年が変わっても、内容項目は変わらないからです。もちろん、発達の段階や本時のねらいは異なるので、そのまま活用できるわけではありませんが、少し内容を変更するだけで活用することができます。それでは、私がつくったスライドを紹介します。

　スライド1は、本時のテーマになります。画面に映し、子どもたちはワークシートにテーマを写していきます。その後、きまりを守るとは何か、自分の考えをワークシートに記入します。

スライド2は、きまりを多面的・多角的に考えていく発問です。特に「守った方がいい」と「守らなければいけない」では、ニュアンスが大きく異なります。どれを選ぶのかが重要ではありません。それを選んだ理由が重要です。問い返しながら考えを広げ、深めていきます。

スライド3は、身近なきまりについて考えていく発問です。自分たちが生活をしている学校ですから、たくさんのきまりを知っているはずです。できるだけたくさんの考えを引き出します。

スライド4は、**スライド3**で子どもたちから出てきた意見に問い返し、深めていきます。「どうしてきまりを知っているの?」という発問は、教材『雨のバス停留所で』を考えるきっかけになる伏線のような発問です。詳しく述べていくと、「どうしてきまりを知っているの?」という発問に対して「先生に教えてもらったから」「生活しているときに、覚えていったから」

という返答が想像されます。主人公のよし子はどうでしょうか。(教材に描かれているのが順番抜かしかどうか、そしてそれがきまりであるのかは一旦置いて)よし子は、きまりを知らなかったのかもしれません。「では、きまりをやぶってしまっても仕方がないのかな?」というように授業を展開することも考えられます。もちろん、展開次第ですので、伏線の回収が行われるかは分かりません。毎回の授業で、伏線について考えているわけではありませんが、このように授業を構成することも、考えを深める一つの手段であると感じています。

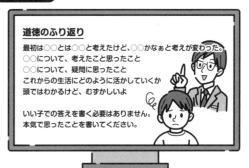

スライド5 は、教材の範読後に行う発問です。
スライド6 は、終末に提示する振り返りの型です。

STEP 8 指導書の発問や年間指導計画を参考にする

授業の全体が完成したところで、指導書や教科書会社のホームページに掲載されている年間指導計画を参考にしていきます。教材研究のときには思い浮かばなかった教材分析の視点や発問、評価の視点などが示されています。参考になりそうと感じたものは、教材研究ノートに追記していきます。

この後は、STEP 9 授業案を寝かせる、STEP 10 授業を行う、STEP 11 子どもの振り返りを読み、道徳通信を作成する、STEP 12 子どもの振り返りに対し、コメントや問い返しコメントを書く、STEP 13 挿絵を掲示すると続いていきますが、このプロセスは実際に授業をするわけではないため、割愛します。続いて、実際に私の11本の教材研究ノートを解説していきます。

1年 二わのことり

B 友情、信頼

（光村図書出版）

教材研究ノート

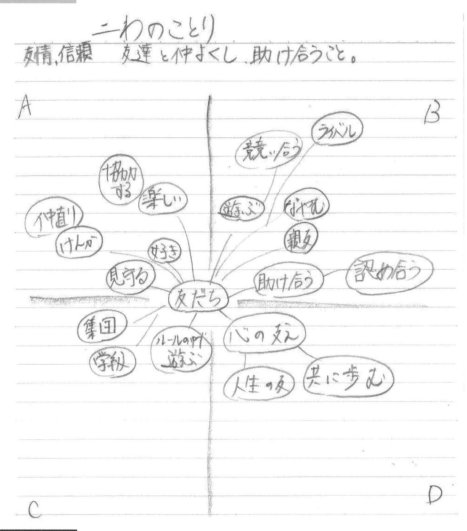

教材の概要

　みそさざいは、やまがらの家に行くか、うぐいすの家に行くか迷っています。今日はやまがらの誕生日で、お祝いをするからみんな来てくださいと呼ばれています。でも、今日はうぐいすの家で音楽会の練習があります。みそさざいは、他の小鳥たちと同じようにうぐいすの家に行きましたが、やまがらのことが気になっています。そこで、こっそりと抜け出し、やまがらの家に向かいました。うれしくて涙を浮かべるやまがらを見て、みそさざいは来てよかったと思いました。

教材研究のポイント

「みそさざい」の行動に込められた想いとは何か考える

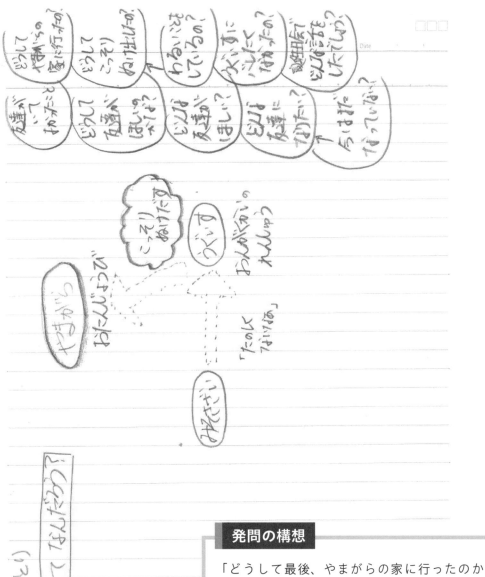

発問の構想

「どうして最後、やまがらの家に行ったのかな」という発問をすることで、やまがらへの想いや友達に優しくすることの大切さなどの考えが出てくることが予想されます。「みそさざい」「うぐいす」「やまがら」の関係を確認しておけば、この発問によって展開の時間を短縮し、中心場面をじっくりと考えることができます。

B 友情、信頼

低学年	友達と仲よくし、助け合うこと。
中学年	友達と互いに理解し、信頼し、助け合うこと。
高学年	友達と互いに信頼し、学び合って友情を深め、異性についても理解しながら、人間関係を築いていくこと。
中学校	友情の尊さを理解して心から信頼できる友達をもち、互いに励まし合い、高め合うとともに、異性についての理解を深め、悩みや葛藤も経験しながら人間関係を深めていくこと。

教材研究ノートの左ページを解説するよ

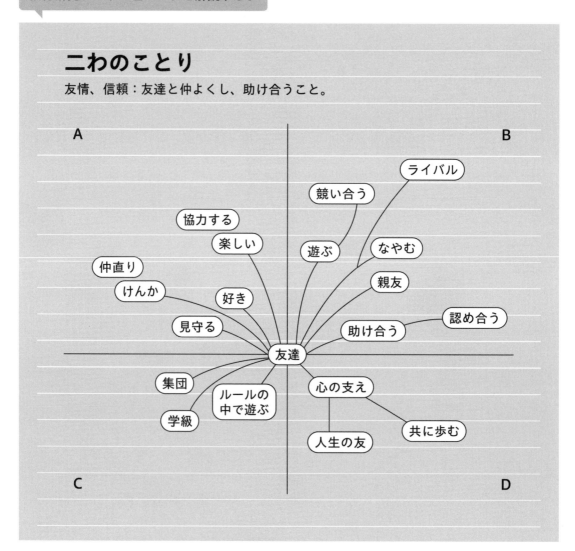

内容項目と教材研究

　低学年の「友情、信頼」です。まだまだ自己中心的な視点があり、友達の立場を理解したり自分と異なる考えを受け入れたりすることは難しいでしょう。「友達と仲よくすること」「助け合うこと」について考え、ウェビングマップを書き進めました。

　ウェビングマップＡの視点では、「友達が好き」「友達といると楽しい」と書きました。子どもたちにとって、友達関係はとても大切でしょう。友達がいることで、安心感も生まれます。その反面、けんかをしてしまうこともあるでしょう。けんかをすると心の中にモヤモヤが残り、いやな気持ちになりますが、仲直りをすると心がスッキリしまた楽しく遊ぶことができます。

　ウェビングマップＢの視点では、三つの「○○合う」という言葉を書きました。低学年の子どもたちは「今から助け合おう」というよりは、どちらかと言えば「気付いたら助け合っていた」ということの方が多いかもしれません。また、遊びの中で「競い合う」こともあるでしょう。「どちらが先に走って鉄棒に着くか競争しよう。よーいどん」「なわとびで、何回とべたか勝負しよう」というようなイメージです。助け合ったり、競い合ったりする中で、互いに「認め合う」視点も生まれてくるでしょう。

　学年が上がると「友達を理解する」「信頼する」「異性についての理解を深める」「互いに励まし合う」など、友達との関係性も深まってきます。そうなるにつれて、ウェビングマップＤの視点「心の支えになりたい」「自分にとって、心の支えとなる友達がいる」「人生の友」という考えも出てくるかもしれません。

授業の構想

　教材を読み終えてすぐに「どうして最後、やまがらの家に行ったのかな」と聞きたくなりました。きっとそこには、やまがらのことを想う気持ちがあったのだと思います。最後の場面で、涙を流すやまがらが描かれているため、やまがらの家に行ってよかったと感じている子どもも多いでしょう。気になったのが、「こっそりと抜け出し、やまがらの家に行った」と書いてあることです（教科書によっては、そっと抜け出してと書いているものもありました）。どうしてこっそり抜け出したのでしょう。何か悪いことをしているのでしょうか。この点も発問として活用できると感じました。

　導入または展開後段では、「友達がいてよかったこと」を問いたいと思いました。小学校での生活だけでなく、就学前の微笑ましいエピソードを聞くことができるかもしれません。その後、「どうして友達がほしいのかな？」「どんな友達がほしい？」というように友達に関する考えを深めていきたいと考えました。

　板書計画では、「やまがら」「みそさざい」「うぐいす」の挿絵を貼り、教材の内容を整理していこうと考えました。子どもたちにとって、あまり馴染みのない小鳥ということが予想されます。どの鳥がどこへ行ったのか、分かりやすくするためにも挿絵を活用していきます。その際、みそさざいの挿絵を動かしながら、授業を進めていくことをおすすめします。子どもたちの実態によって、教材を読む前に小鳥の名前や行動を紹介することも、手立ての一つとして考えられるでしょう。

2年 しあわせの王子

D 感動、畏敬の念

(光文書院)

教材研究ノート

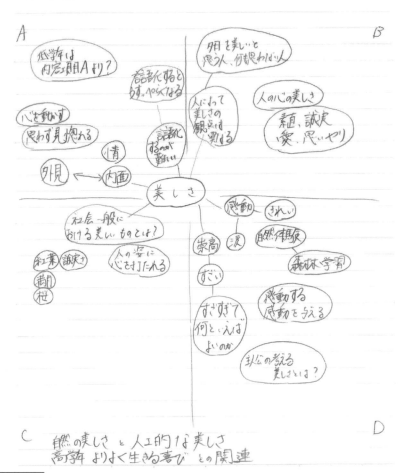

教材の概要

　体が金で包まれている銅像。人々から、「しあわせの王子」と呼ばれています。目や刀は宝石で飾られています。あるとき、町に病気で寝ている子どもがいました。貧しいために、薬を買うことができません。そこで、自分の刀に付いている宝石を外して届けてほしいとつばめにお願いし、つばめに宝石を届けてもらいました。その後も、貧しい子どもたちのために、自分に付いている宝石を届け続け、しあわせの王子は、何の飾りもない姿になってしまいます。

教材研究のポイント
「感動の押し売りになってはいけない」
「言語化することの難しさ」を意識する

発問の構想

宝石を届けようと考えた王子の想いについて考えていきます。「すごい」「優しい」といった抽象的な言葉を、「どうしてすごいと思ったの?」と問い返しながら授業を進めていきます。その際、上記の二つのポイントを意識することを忘れないようにします。

D 感動、畏敬の念

低学年	美しいものに触れ、**すがすがしい心**をもつこと。
中学年	美しいものや気高いものに**感動する心**をもつこと。
高学年	美しいものや気高いものに感動する心や**人間の力を超えたもの**に対する**畏敬の念**をもつこと。
中学校	美しいものや気高いものに感動する心をもち、人間の力を超えたものに対する畏敬の念を**深める**こと。

教材研究ノートの左ページを解説するよ

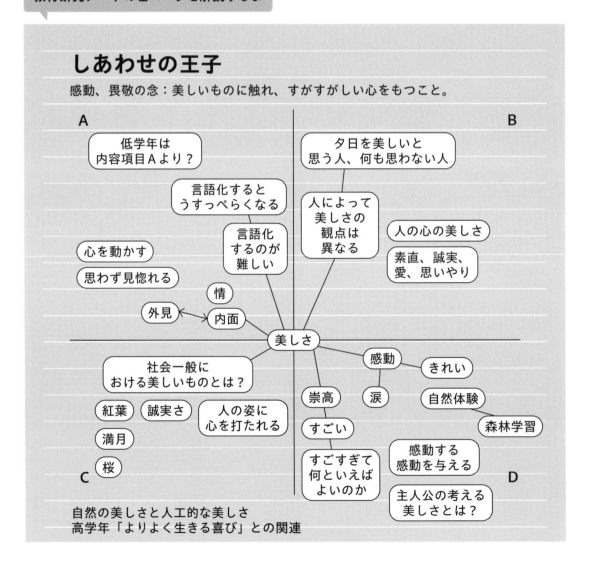

内容項目と教材研究

「感動、畏敬の念」の授業を考えるとき、私が気を付けていることを二つ記します。

一つ目は、「感動したこと」についてです。あらすじを読んでもらうと分かりますが、心温まる感動的なお話であると感じました。ポイントは、「私は」心温まる感動的なお話と思ったということです。子どもたちが、このお話を読んで感動するかは分かりません。「自分の体に付いている宝石を外すなんて怖い」と思う子どももいるかもしれません。つまり、「このお話を読んで感動したよね」というような「感動の押し売り」はよくないということです。ウェビングマップBの視点にも書いたように、人によって美しさの観点は異なります。夕日を見て美しいと思う人、紅葉を見て感動的な気持ちになる人、映画を見て感動的だと感じる人もいれば、そうでない人もいます。「感動の押し売り」ではなく、お話を読んで素直に思ったことを聞いていきましょう。

二つ目は、「言語化」についてです。「感動、畏敬の念」だけでなく、「生命の尊さ」「自然愛護」でも同じことが言えるのですが、言葉にすることの難しさや、言葉にしたときに本当の想いよりも薄っぺらくなってしまうと考えています。子どもたちからよく聞く「すごいと思った」という言葉がそれを物語っています。「何がすごいと思ったの？」と聞くと、「〇〇がすごいと思った」と教材に描かれている事実を答えてくれるでしょう。「では、どうしてすごいと思ったの？」と聞くと何と返答があるでしょう。子どもたちは、うまく言語化することができるでしょうか。大人でも難しいでしょう。内容項目Dの視点は、「崇高なものとの関わりに関すること」です。崇高なものですから、言語化することが難しいのは当然です。「内容項目Dの視点の授業は難しい」という声をよく聞きますが、理由の一つが「言語化の難しさ」でしょう。「すごすぎて何と言えばいいか分からない」と言っていた子どももいました。そのような難しさもある内容項目です。力を入れて身構えるのではなく、先生方が素直に思ったことを発問にしていきましょう。そして、子どもたちから出てきた考えをつないで授業を進めていきましょう。

授業の構想

先ほども記したように、私は感動的なお話だと思いました。しかし、「感動の押し売り」になってはいけません。「特定の価値観を児童に押し付けることは、道徳教育の目指す方向の対極にあるもの」と学習指導要領解説に記されています。そのようにならないために、「どんなお話でしたか？」「お話を聞いてどんなことを思いましたか？」と発問し、子どもたちから出てきたキーワードを活用しながら、授業を進めようと考えました。

その後、「王子はどうして宝石を届けようと思ったのでしょう？」と中心場面について考えていきます。ここでは、「感動」に関する考えよりも、困っている人を助けるために届けようと思ったという「親切、思いやり」に関する考えが出てくることが予想されます。その際、出てきた考えの中でも親切にする（または親切にした）という行動面ではなく、親切な行動を支える内面（思いやり）を重点的に考えていくことで、「感動、畏敬の念」につなげることができるでしょう。「困っている人を助けたいという気持ちがあったと思う」などの考えに着目し、「今日の考えるテーマ、心が美しいってどういうことなんだろうね？」と問いかけ、子どもと共に考えていきます。

3年 いつもありがとう
B 感謝
（日本文教出版）

教材研究ノート

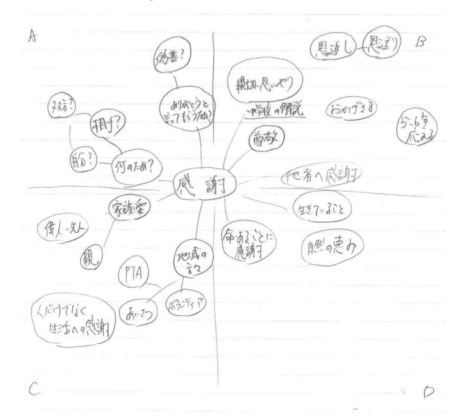

教材の概要

　学校に行く時間になると、家の前に立ってあいさつをするおじいちゃん。おじいちゃんは、あいさつをするだけではなく、私たちのいけない行動に注意もしています。ある日、ぼくがイライラして、落ちている石を蹴ったときも注意されましたが、腹が立って言い返してしまいました。その日の夕食で、家族にそのことを話すと、おじいちゃんに悪いことをした気持ちになり、明日の朝は、元気なあいさつとともに、おじいちゃんに伝えたい言葉がたくさんうかんできました。

教材研究のポイント

教材には描かれていない、主人公の翌日の行動を考える

発問の構想

「おじいちゃんに伝えたい言葉がたくさんうかんできた」という一文でお話が終わります。「どんな言葉を伝えたいのか」「どうしてその言葉を伝えたいと考えたのか」「これから、どのように生活をしていこうと思っているのか」などの発問をしながら授業を進めていくことで、「尊敬」「応える」に関連した考えが出てくるでしょう。

B 感謝

低学年	家族など日頃世話になっている人々に感謝すること。
中学年	家族など生活を支えてくれている人々や現在の生活を築いてくれた高齢者に、尊敬と感謝の気持ちをもって接すること。
高学年	日々の生活が家族や過去からの多くの人々の支え合いや助け合いで成り立っていることに感謝し、それに応えること。
中学校	思いやりの心をもって人と接するとともに、家族などの支えや多くの人々の善意により日々の生活や現在の自分があることに感謝し、進んでそれに応え、人間愛の精神を深めること。【思いやり、感謝】

教材研究ノートの左ページを解説するよ

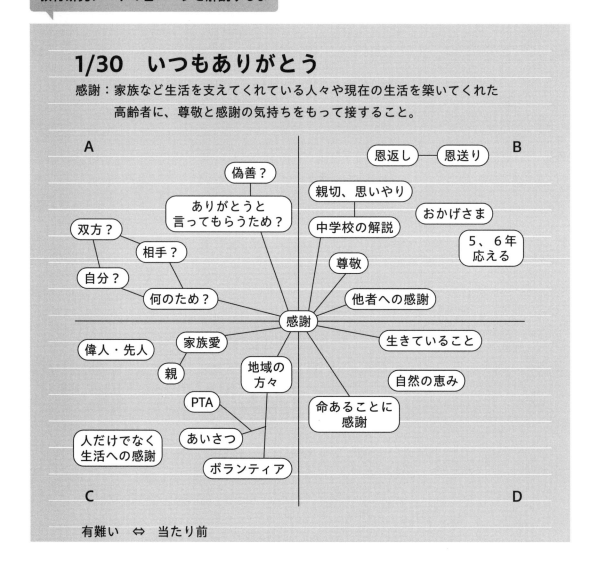

内容項目と教材研究

　低学年のねらいには、「感謝すること」と記されています。何かをしてもらったときに「ありがとう」を伝えることの大切さは、低学年の子どもたちも知っているでしょう。今これを記したのには、理由があります。それは、中学年以降の「感謝」の授業が、「自分のために何かをしてもらったら、ありがとうを伝えよう」という内容に留まっていないか危惧しているからです。中学年のねらいには、「尊敬」という道徳的価値が記されています。子どもたちは、身近な人に感謝の気持ちを抱き、行動や考え方を真似たり、参考にしたりすることもあるでしょう。意識して真似する場合もあれば、無意識のうちに真似している場合もあるかもしれません。そのような想いが「尊敬」につながっていくと考えています。つまり、「ありがとう」と伝える行為だけではなく、その「ありがとう」に込められた想いに着目することで、「尊敬の念」を抱くことにつながるのです。

　高学年や中学校のねらいには、「応える」と書かれています。「応える」とは、働きかけ（ありがとう）に対して、それに添うような反応を示すことです。多くの人々に支えてもらっていること、助けてもらっていることを自覚し、どのように応えることができるのか、自分には何ができるのかについて考え、実践しようとする意欲が大切になってきます。「ありがとう」と言われて、「どういたしまして」と返すことも「応える」ことの一つでしょう。しかし、その程度に留まらず、「次、Ａさんが困っている様子があれば、必ず声をかけよう」「Ｂさんのために、自分には何ができるだろう。今すぐには思いつかないな。もう少し考えてみよう」というようなところまで考えられるような授業を展開していきましょう。

授業の構想

　「おじいちゃんに伝えたい言葉がたくさんうかんできた」。この伝えたい言葉とは一体何でしょう。子どもたちに問いかけると、いろいろな言葉が出てくるでしょう。ここで大切にしたいのは、「こんなにもたくさんの伝えたい言葉を考えられたね」で終わらないことです。「どうしてこんなにたくさんの言葉を伝えようと思ったのかな」と言葉に込められた想いまで子どもたちに問いかけたいのです。「こういうときは、ありがとうと言ったらいいから」のような表面的な感謝ではなく、自分の言葉で自分の想いを伝えたいという感謝の心が見えてくるはずです。「毎日、家の前に立ってあいさつをしているなんてすごい」というような考えは、中学年のねらいに記されている「尊敬」にもつながっていくでしょう。

　導入では、ありがとうの対義語を考えていきます。今までに子どもたちから出てきた考えには、「ごめんなさい」「どういたしまして」が多かったです。ありがとうは漢字で「有難う」と書きます。有ることが難しいということです。有ることが難しくない、つまり当然のことを意味する「当たり前」がありがとうの対義語です。何かをしてもらっても当たり前と思っているのなら、ありがとうという言葉は出てこないでしょう。展開後段では、「誰にどんなありがとうを伝えたい？」「ありがとうを言える人とありがとうを言ってもらえる人、特にどちらになりたい？」「感謝の気持ちは、どうすれば伝わるのかな？」の三つの問いを考えました。展開前段までの子どもたちの思考の流れから、問いを一つ選択し、授業を進めていく案を立てました。

71

6年 個性とは
A 個性の伸長
（オリジナル教材）

教材研究ノート

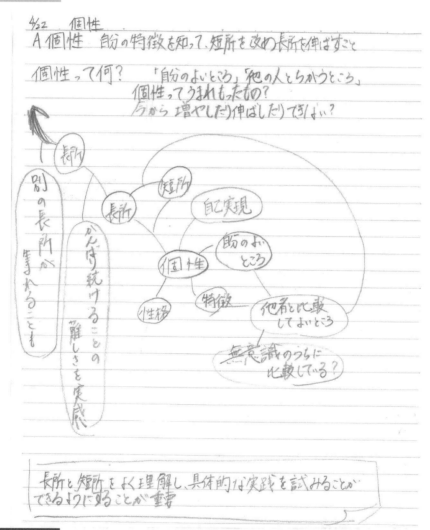

教材の概要

　この授業はオリジナル教材を活用しました。教材文ではなく、Googleスライドを使って授業を進めたため、「オリジナルスライド教材」と言った方が正確かもしれません。本章でも、導入で使用するスライドをお見せしましたが、あのようなスライドで45分間授業を進めていくイメージです。今回の授業は、第2回目の道徳で行いました。教材を使わなかった意図としては、道徳の授業は教材の読み取りをするのではなく、本時のテーマを考え、深めていくことを体感してほしかったからです。

教材研究のポイント
自分自身のことについて考えることを通して、具体と抽象の往還を図る

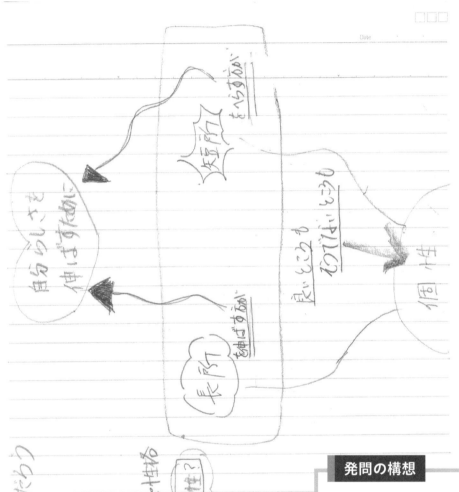

発問の構想

「個性とは何だろう？」と直球に発問します。辞書的な意味を考えていくのではなく、「自分にはどんな良いところがあるのか」「悪いところも個性なのか」「どうして悪いところの方がたくさん思いつくのか」など、自分の考えや経験から自己を見つめていきます。

A 個性の伸長

低学年	自分の特徴に**気付く**こと。
中学年	自分の特徴に**気付き**、**長所を伸ばす**こと。
高学年	自分の特徴を知って、**短所を改め長所を伸ばす**こと。
中学校	自己を見つめ、**自己の向上を図る**とともに、**個性を伸ばして充実した生き方を追求する**こと。【向上心、個性の伸長】

教材研究ノートの左ページを解説するよ

4/22　個性

A個性：自分の特徴を知って、短所を改め長所を伸ばすこと。

個性って何？　「自分の良いところ」「他の人とちがうところ」
　　　　　個性って生まれもったもの？
　　　　　今から増やしたり伸ばしたりできない？

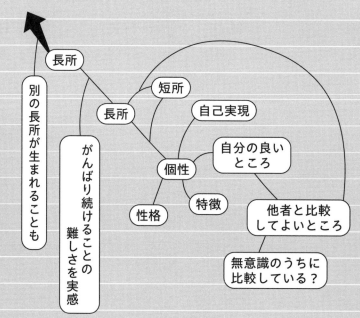

長所と短所をよく理解し、具体的な実践を試みることができるようにすることが重要。

内容項目と教材研究

さて、個性とは一体何でしょうか。私は、「特徴」「性格」「自分の良いところ」といったところをすぐに思いつきました。「自分の良いところ」が個性であるならば、「自分の悪いところ」も個性になるのでしょうか。発問として活用できるかもしれませんね。

「自分の良いところ」に焦点を置いて考えてみます。「みなさんの良いところはどこですか？」と聞かれたら何と答えますか。教員採用試験の面接のときに、自己PRを話したり、前もって提出する用紙に自分の良いところを書いたりしたと思いますが、この答えについて、悩まれた方も多いのではないでしょうか。

ところで「自分の良いところ」は、誰が決めるのでしょうか。自分で決めるのでしょうか。それとも誰かに見つけてもらうのでしょうか。どちらにしても、最終的に決めるのは自分でしょう。その際、ウェビングマップにも書いたように「無意識のうちに、他者と比較しているのではないか」と考えました。自分と関わりのある人と自分を比べたとき、「私は〇〇が得意かも」と感じられると、自分の良さを実感することができるでしょう。その反面、「Aさんの方が上手だな」と感じることもあると思います。日本の子どもたちの課題として「自己肯定感の低さ」が挙げられていますが、「Aさんの方が上手だから、自分には良いところなんてない」と感じる子どももいるでしょう。こういった点も踏まえて、考えを広げていきます。

スライド教材の内容

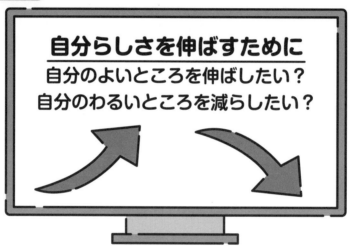

授業の構想

　導入では、「個性とは何だろう？」と問いました。「個性」という言葉はやや抽象的で、難しいと思われる方もいらっしゃるかもしれませんが、子どもたちから「特徴」「その人の良いところ」「得意なところ」という考えが次々と出てきたため、難しすぎるということはないでしょう。

　その後、「自分の長所と短所」について考えていきました。4月に行う実践ですので、特別活動の時間に行う「自己紹介カード」と関連させて考えてもよいでしょう。そして、長所と短所をクラスで共有する前に、「長所と短所、どちらを先に思いついた？」「長所と短所、どちらの方がたくさん思いついた？」というような発問をしていきます。数年間どちらの発問もしていますが、圧倒的に短所の方が多いです。それはどうしてでしょうか？先ほども記した、「自己肯定感の低さ」や「他者と比較していること」が関係していると考えます。「どうして短所と答える人の方が多いと思う？」と問い返すと、「自信がないから」「自分の悪いところばかり見えてしまうから」「自分の良いところばかりを言っていると、自慢しているように思われそうだから」といった考えが出てきました。その後、「悪いところがない人なんていない。良いところも悪いところもあるのが人間だと思う」といった哲学的な考えも出てきました。

　長所と短所について考えた後、「自分らしさを伸ばすために、自分の良いところを伸ばしたい？　それとも悪いところを減らしたい？」と発問し、この発問を中心に考えていきました。読者のみなさんは、どちらを選びますか。良いところをグンと伸ばし、自分の特技と言えるまでにしたいという考えもあるでしょう。悪いところを減らす方が、欠点がなくなるから、さらに良さが見えてくるという考えもあるでしょう。子どもたちにも、どちらかを選んでもらいますが、大切なのは選んだ理由です。選んだ理由を言語化することが大切です。理由を共有した後、「自分の良いところを伸ばすことと、悪いことを減らすこと、どちらが難しい？　どちらが楽しい？　どちらが生きていく上で大切？」といったように、さらに発問を続けていきます。4月に行う授業ということもありますが、2択で問いかける発問を多くしているのは、授業に参加しやすくするための工夫の一つでもあります。

　高学年のねらいには、「短所を改め」と記されていますが、あえて「減らしたい」という表現にしています。「改める」より「減らす」の方が、子どもたちが考えやすいと感じるからです。ここで、おもしろいと感じるのが、「悪いところは減らすのではなく、良いところに変えていった方がいいと思う」というような考えが出てくることがあるところです。教材文を使わず、道徳的諸価値について考える時間をたくさん確保したからこそ、このような考えを子どもたちから引き出すことができたと考えています。

　次の教材からは、教材研究をした授業案で授業をした結果どのようになったのか、板書と子どもたちの振り返りも記します。教材研究の際には考えもしなかった考えが子どもたちから出てきます。教材研究はあくまでも「案」。実際の授業がどのようになったのかもご覧ください。

3年 まどガラスと魚

A 正直、誠実

（日本文教出版）

教材研究ノート

2つの視点から正直について考える

教材の概要

千一郎（主人公）の投げたボールが、よその家の窓ガラスに当たり割れてしまいます。「謝らないと」と思いながらも、友達の「逃げろ」の声を聞いて、夢中でその場から駆け出してしまいます。次の日も、その次の日も割れた窓ガラスを見て、心の中で「僕が割りました」と思いながらも、なかなか正直に言い出すことができません。そんなとき、近所のお姉さんの行動を見て、このままではいけないと考えた千一郎は、お母さんと一緒に窓ガラスを割ってしまったことを謝りに行きました。

教材研究のポイント
内容項目Aの視点「自分自身に対する正直」について考える

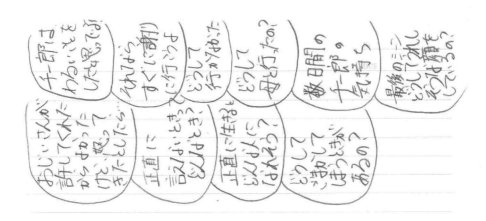

正直に生きるって何だろう？

まとめクラス発表、個人

発問の構想

正直にした方がいいことは、子どもたちも知っているでしょう。でも、どうしてもできないときがあるものです。主人公の千一郎もその1人です。「どうして、うそをついてしまうことがあるのか」「正直に生きると、どんな人間になることができるのか」という自分自身の視点で考えていきます。

A 正直、誠実

低学年	うそをついたりごまかしをしたりしないで、**素直に伸び伸びと生活**すること。
中学年	**過ちは素直に改め、正直に明るい心で生活**すること。
高学年	**誠実に、明るい心で生活**すること。
中学校	**自律の精神を重んじ、自主的**に考え、判断し、**誠実に実行してその結果に責任をもつ**こと。【自主、自律、自由と責任】

教材研究ノートの左ページを解説するよ

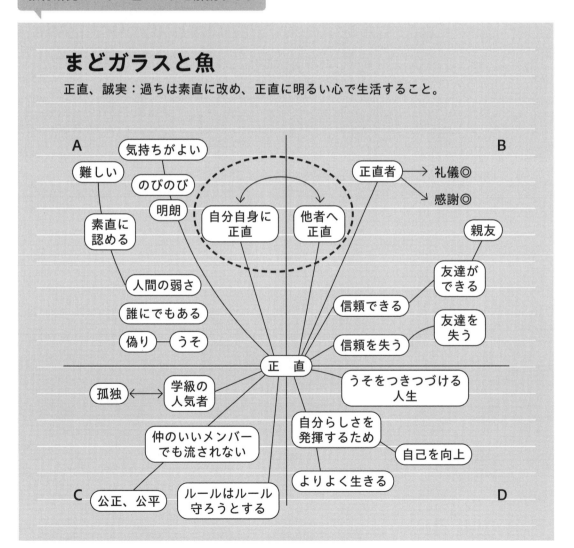

内容項目と教材研究

「うそをついてごまかしたい」という気持ちは、誰にでもあるのではないでしょうか。「怒られたくない」「信用を失いたくない」「褒められたい」「自分のプライドが許さない」など、理由は様々でしょう。「うそをつくことは良くない」と分かっていても、うそをついてしまうかもしれません。そこに人間の弱さがあります。誰にでも過ちはあるものです。そんなときは、素直な心で謝ることが重要になってきます。しかし、意地を張ってしまい、素直に謝ることができないことがあるのです。そんな人間の弱さを、発問として活用することもできるでしょう。例えば、「どうしてごまかしてしまうことがあるの？」というような発問です。

うそをつくことやごまかすことは、他者を偽ることになります。しかし、偽っているのは、他者だけではありません。自分自身にも偽っています。だめだと分かっているのに正直に言えないから、心がモヤモヤするのです。また、「どうしてあのとき、本当のことを言えなかったのだろう」と後悔することがあるのです。そのような経験はありませんか。私には、今でも後悔していることがあります。反対に、自分自身に対して正直でいると、明るい心で生活することができるでしょう。子どもたちの様子を見ていてもそのように感じることがあります。例えば、普段は友達と楽しそうに遊んでいるのに、うそをついたり酷いことをしてしまったりしたときに、暗い表情をしているときなどです。自分に正直に生活をすることと、自分や他者を偽って生活することでは、大きな差があります。

「正直、誠実」は内容項目Ａの視点の自分自身に関することです。他者に対する正直を考えることもありますが、特に自分自身について考えを深めていきましょう。

教材研究ノートに記した発問

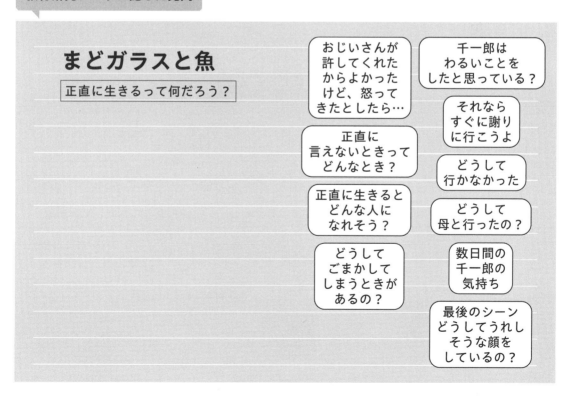

教材と内容項目の関連

　この教材は、中学年のねらいである「過ちは素直に改め、正直に明るい心で生活すること」との関連が深いと感じました。千一郎がこのまま黙っていれば、ガラスを割ったことは誰にも知られないはずです。それでも、自分の過ちを素直に認めた千一郎はすごいと感じました。最後のシーンで、ボールを返してもらった千一郎のうれしそうな表情を見ると、「素直に謝ることができてよかった。心の中のモヤモヤが消えた」と子どもたちも感じるかもしれません。

　この話を読んで、二つの疑問が思い浮かびました。

　一つ目は、どうしてお母さんと一緒に謝りに行ったのかです。ガラスを割ったのは千一郎です。お母さんではありません。教材には描かれていませんが、お母さんが「私もついて行く」と言ったのであれば分かります。お母さんと一緒に行くことで、怒られたときに自分を守ってくれると思ったのでしょうか。もちろん、子どもですから母親の力を借りたいのは分かりますが、本気で過ちを認め謝りたいのであれば、1人または一緒にキャッチボールをしていた友達と謝りに行く方が良いのではと思いました。

　二つ目は、謝りに行ったとき、おじいさんが優しかったことです。お母さんがガラス代を渡そうとしましたが、「ガラス代はいらない」とおじいさんは断りました。また、「私は、正直な子どもの来るのを楽しみに待っていました」と言ってボールを返してくれました。今回は、おじいさんが優しかったからよかったのですが、もし本気で怒られていたとしても、千一郎は謝りに行ってよかったと思うのでしょうか。それとも、こんなに怒られるのならば、黙っておけばよかったと思うのでしょうか。

　どちらの疑問も、教材を通して「正直」について考えを深める発問として活用できると考えました。

授業での板書

まどガラスと魚

**正直に生きる
って何だろう？**

→うそをつかない
　すなおに言う
→本当のことを言う
　正直はいいこと？

千一郎は正直？
だまって逃げたから　×
でも母に正直に言ったから　△
反せいしている？

それなら、さいしょから
あやまりに行こうよ

正直に言えて
よかった。

あやまらないと
いけない
モヤモヤが
消えた

挿絵

**◎どうして人は、うそをついてしまう
ことがあるの？**

おこられたくないから　でも、見つかったら
体が勝手に動いてしまう　　　　もっと……
ごまかしたくなるから　おこられたくない
悲しませたくないから
なぜかは分からない

お母さん
や
相手

うそをついたらあかん
天使

VS

うそつけ
あくま

勝って
しまう？

授業の様子

導入で正直に生きるとは何かを問うと、「うそをつかないこと」「本当のことを言うこと」という考えが出てきました。「うそをつかないで本当のことを言うのが正直なの？ ということは、1年生に走るのが遅いねと言うのは正直ということ？」といじわるなことを聞いてみました。すると、「正直だけど、それは失礼」という子どもが多かったです。「正直っていいことなのかな？」と問いかけ、正直に関する考えを広げた後、教材の範読をしました。

範読後、真っ先に出てきたのが「おじいさんが優しい」という意見でした。「確かに優しいよね」と共感した後、千一郎について考えていきました。「千一郎ってどんな人？」という発問に、「正直に謝ることができた」「いや、でも最初は逃げたから正直ではない」「少しずつ正直になってきた」と子ども同士で話が進んだため、「千一郎って正直なの？」と発問しました。「黙って逃げたことは、正直ではない」「でもお母さんに正直に言ったから、ちょっとだけ正直」「千一郎は反省している」と話が進みました。「反省しているの？ 反省しているのなら、最初から謝りに行こうよ」と問い返すと、「その方がいいけど、怒られたくないから逃げたのだと思う」「千一郎も謝らないといけないことは分かっている」と人間の弱さについて話す子どもたちが多く見られました。

展開後段で、どうして人は…と黒板に書き進めると、「うそをつくの？」と1人の子どもがつぶやいたため、それを問いにしました。「うそをつくの？」と決めつけるより、「うそをついてしまうことがあるの？」の方がいいかなと子どもたちに確認してから、「どうして人は、うそをついてしまうことがあるの？」という問いを設定しました。「怒られたくないから」「ごまかしたくなるから」「体が勝手に動いてしまう」という考えは予想していましたが、「悲しませたくないから」「うそをついてはいけないと言う天使とうそをつけと言う悪魔が戦って、そんなときは悪魔が強いから」という考えは予想していなかったため、興味深かったです。特に天使と悪魔の話は、「確かに悪魔が強いよね」と共感している子どもたちが多数であったことが印象に残っています。

子どもの振り返り

- 怒られたり、うそがばれたりしているのに、まだ正直に言わなかったら、本当の正直ではないことが確定する。
- 正直に生きるとはうそをつかないこと。うそをついてばっかりだったら、大人になってもうそをつきまくる。
- 正直に生きるっていうことは、とてもいいことだと思うけど、つい口が動いてしまってうそをついてしまう。
- うそをつくのはよくないと分かっているのに、ついてしまう。怒られたくないからうそをついてしまう。でもばれたらもっと怒られる。
- 私は、うそをついたことがありますが、その日からずっとモヤモヤするのがきらいになって、2年生の3学期からうそつきをやめています。
- 正直に生きている人は、大変なときに助けてもらえるかもしれない。うそばかりつくと、これから困ることが出てくる。

4年 いのりの手

B 友情、信頼

（日本文教出版）

教材研究ノート

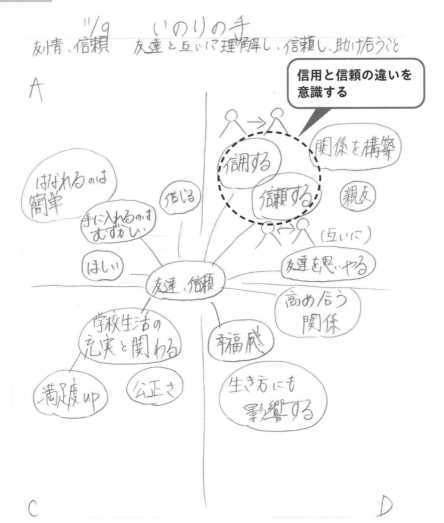

教材の概要

絵の勉強をしたいデューラーとハンス。貧しい2人は、絵の勉強をするゆとりがありません。そんなとき、ハンスは「交代で絵の勉強をしよう。1人が働いてもう1人のためにお金を稼いで助けるんだ」と提案し、自分が先に鉄工所で働くことを伝えます。デューラーは、先に絵の勉強をさせてもらいました。数年後、絵の勉強を終え、評判の絵描きとなったデューラーがハンスのもとに帰ると、ハンスの手は絵筆が持てないほどごつごつとこわばっていました。その手を見たデューラーは、自分を絵描きにしてくれた「ハンスの手」を描くことを決意しました。

教材研究のポイント
デューラーとハンスの関係性を考える

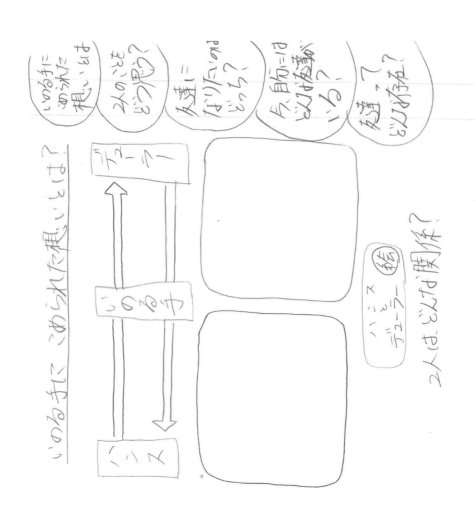

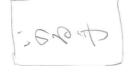

発問の構想

デューラーはハンスのことをどんな存在だと思っているのか、ハンスはデューラーのことをどんな存在だと思っているのかを考えることを通して「友情、信頼」について考えていきます。「友情、信頼」に関連する道徳的価値が子どもたちから出てくるでしょう。

B 友情、信頼

低学年	友達と仲よくし、助け合うこと。
中学年	友達と互いに理解し、信頼し、助け合うこと。
高学年	友達と互いに信頼し、学び合って友情を深め、異性についても理解しながら、人間関係を築いていくこと。
中学校	友情の尊さを理解して心から信頼できる友達をもち、互いに励まし合い、高め合うとともに、異性についての理解を深め、悩みや葛藤も経験しながら人間関係を深めていくこと。

教材研究ノートの左ページを解説するよ

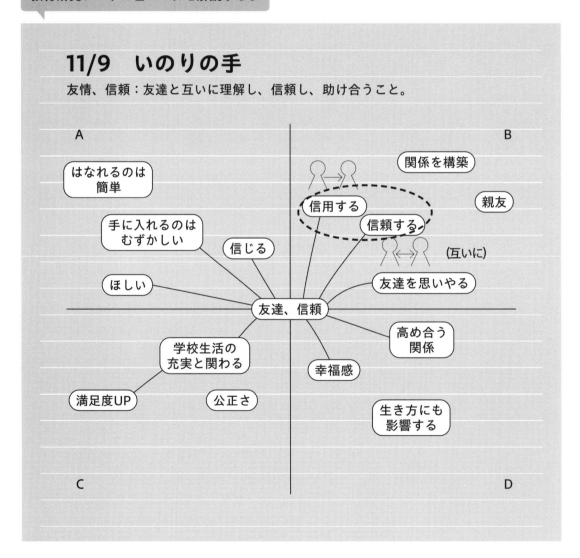

内容項目と教材研究

中学年の「友情、信頼」です。低学年にはなかった「信頼」という道徳的価値が記されています。「信頼」とは一体何でしょうか。中学校の学習指導要領解説には、このように記されています。

> 友達を「信頼」するとは、相手を疑う余地がなく、いざという時に頼ることができると信じて、全面的に依頼しようとする気持ちをもつことであり、その友達の人間性に賭けることである。相手の人柄に親しみを感じ、敬愛する気持ちをもち続けることである。分かち合い、高め合い、心からの友情や友情の尊さについて理解を深め、自分を取り囲む友達との友情をより一層大切にする態度を育てることが大切である。
> 『中学校学習指導要領（平成29年告示）解説 特別の教科道徳編』p.40より（下線部は筆者）

まさしく『いのりの手』に登場する、デューラーとハンスの関係性だと感じました。友達のことを想い、友達のことを本気で信じているからこそできる行動だと思います。決して簡単なことではありません。「友情、信頼」について考えることができる力のある教材だと感じました。

私は、この教材で授業をしたことがなかったのですが、とある研修でこの教材について学んだことがありました。前もって教材を知っていたということもありますが、2時間構成（翌週に第2時）で授業をしたいという想いがありました。それは、子どもたちと「友情、信頼」とは何なのか、じっくりと考えたかったからです。そこで、第1時は教材について、第2時は道徳的価値について考えを深めていこうと計画しました。また第2時の問いは、第1時の授業の子どもたちの様子で決めようと考えました。

教材研究ノートに記した発問

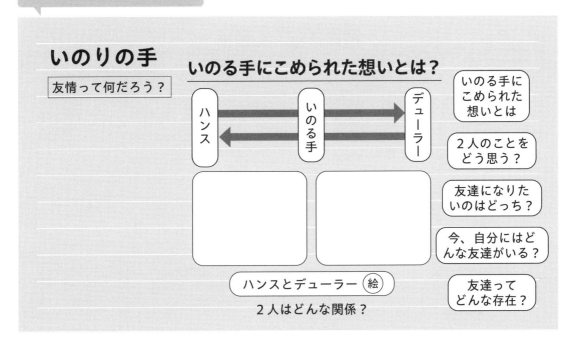

教材と内容項目の関連

　板書計画を見てもらうと分かりますが、私にしては余白の少ない板書計画になっています。第1時は、子どもたちと教材にどっぷりとつかりながら考えていきたいという想いから、珍しくたくさん書き込みました。そして問いは、「『いのる手』(デューラーが描いたハンスの手の作品名)にこめられた想いとは？」です。デューラーがどのような想いでハンスの手を描いたのか、またハンスはこの絵を見て何を感じたのか考えていこうと思いました。

　問いはシンプルに一つにしようと考えましたが、その発問以外にも「2人のことをどう思うか？」「2人はどんな関係か？」「どちらと友達になりたいか？」という発問を考えました。ただし、それは「『いのる手』にこめられた想いとは？」の発問をより深める補助的な発問として位置付けています。

　また、本時の内容項目は「友情、信頼」ですが、それ以外の道徳的諸価値も子どもたちから出てくると予想し、いつもの授業以上に道徳的諸価値との関連を考えていきました（第1章で記した木原一彰先生の論文「複数関連価値統合型の道徳の時間の可能性」を参考にしました）。「感謝の想い」「申し訳ない気持ち」「自分の不甲斐なさ」「努力し続けること」「互いを理解し合うこと」など、多様な考えが出てくると予想しました。

　この後、実際の板書を見てもらうと分かりますが、想定していた考えがたくさん出てきました。その反面、こちらが教材研究をしていたときには一切思い浮かばなかった考えも出てきました。こういうところが、道徳授業のおもしろいところだなと改めて感じたことを今でも覚えています。では、板書をご覧ください。

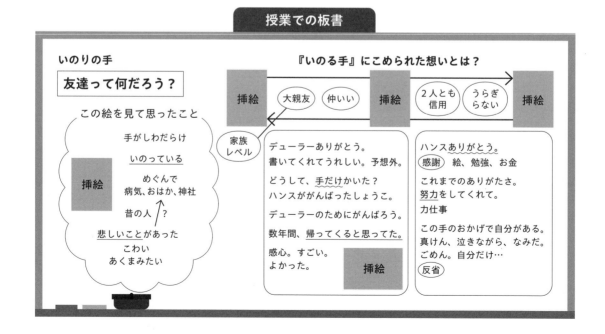

授業の様子：第1時

　導入では、『いのる手』を見て感じたことを子どもたちに話してもらいました。教材名から連想し、「何かに祈っている」と考えた子どもがいました。その後、「怖い」「悪魔みたい」という考えが出てきました。『いのる手』の雰囲気からそのように感じたのでしょう。

　展開の「『いのる手』にこめられた想いとは？」の問いに、予想していた以上にたくさんの考えが出てきました。子どもたちは「素敵な話だと思った」「お互いを信じていることがすごい」と話していました。教材のもつ力強さを実感しました。

　また、範読後すぐに、『いのる手』に込められた想いとは何かという中心的な発問について、考え続けることもおもしろいなと感じました。2時間構成の授業計画のため、時間に余裕があったこともありますが、教材に描かれている道徳的諸価値について、多面的・多角的に考えることができました。教材を通して学んだ「友情、信頼」の考えを、第2時にも生かすことができそうと感じました。

　その後、2人の関係性を問いました。すると、「この2人は友達ではない。親友だ」「いや、親友レベルでもなく、大親友だ」「それ以上で家族レベルだと思う」というような考えが出てきました。子どもたちの中で、「友達→親友→大親友→家族」の順に仲のよさや信頼度が上がっていっているような印象があるようです。新たなキーワード「友達レベル」「親友レベル」「家族レベル」が出てきました。ここで子どもたちに、来週の授業では「友達レベル」「親友レベル」「家族レベル」について考えていこうと伝えました。

🔄 子どもの振り返り

・大親友だから2人は信じていた。だから2人は裏切らなかったと思う。

・2人ともお互いを信じていたんじゃないかと思った。そんなに簡単にできることではないから、すごい。

・がんばり方は違うけど、デューラーもハンスも友達のためにがんばっていたことがすごすぎる。

・私にも親友がいます。でも『いのりの手』のような話になったら悲しいです。私だったら、ハンスのようにはがんばれない。

・仲がいいレベルではなく、家族レベルだと思った。ハンスはすごすぎる。

・とにかくすごい。もうこれは、友達じゃなくて家族レベル。

・ハンスとデューラーは、むちゃくちゃ仲がよくて、友達をこえているくらい仲がよい。

・デューラーは、ハンスに助けられながらがんばったけど、支えたハンスがすごすぎる。

・ハンスは、かせいだお金でデューラーに幸せになってほしいと思っていたんじゃないかな。ハンスは優しすぎ。

第1時を踏まえて考えた第2時の発問

友達→信じる
信じる→友達

真の友情とは？

どうすれば
レベルアップ
できるの？

2人はどうして
こんなに
がんばれた？

どうすれば
こんなに
信用できるの？

信用と信頼

授業での板書

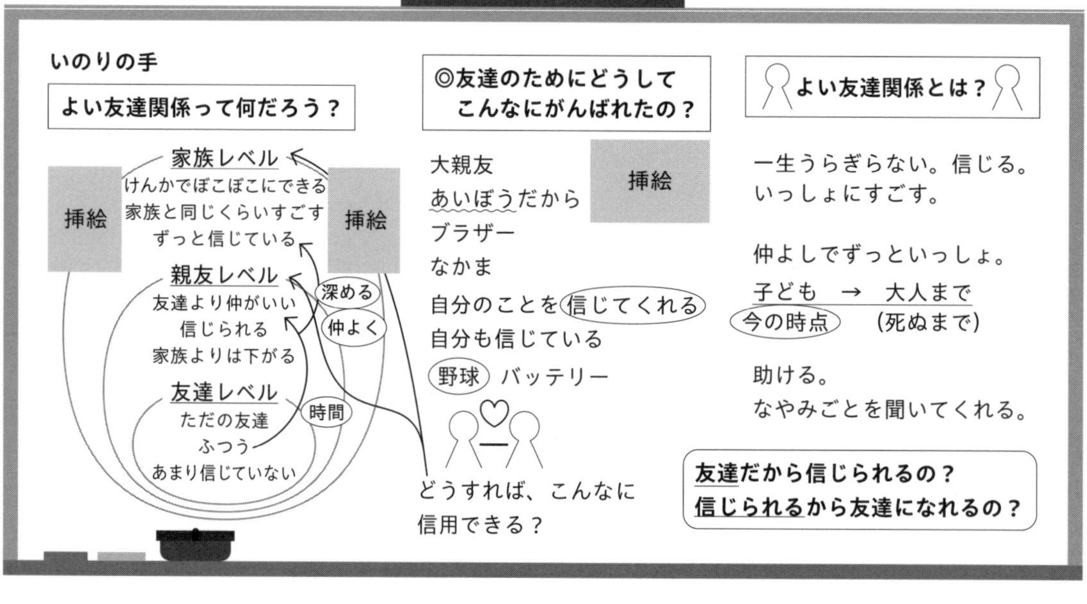

いのりの手

よい友達関係って何だろう？

家族レベル
けんかでぼこぼこにできる
家族と同じくらいすごす
ずっと信じている

挿絵

挿絵

親友レベル
友達より仲がいい
信じられる
家族よりは下がる

深める

仲よく

友達レベル
ただの友達
ふつう
あまり信じていない

時間

◎友達のためにどうして
こんなにがんばれたの？

大親友
あいぼうだから
ブラザー
なかま
自分のことを 信じてくれる
自分も信じている
野球 バッテリー

挿絵

どうすれば、こんなに
信用できる？

よい友達関係とは？

一生うらぎらない。信じる。
いっしょにすごす。

仲よしでずっといっしょ。
子ども → 大人まで
今の時点   (死ぬまで)

助ける。
なやみごとを聞いてくれる。

友達だから信じられるの？
信じられるから友達になれるの？

授業の様子：第2時

　そして第2時です。まずは、「友達レベル」「親友レベル」「家族レベル」の捉え方を共有していきました。印象的だったのが、「家族レベル」の「けんかでぼこぼこにできる」です。表現の仕方は好ましくないですが、「それくらい相手のことを本気で想っている」ということらしいです。もちろん本当に手を出すという意味ではなく、相手を信じているからそれくらいまでできるということだと話してくれました。その後、どうすればレベルを上げていくことができるのか問いかけました。「まずは、時間が必要」ということでした。今までの生活経験からそのように考えたのでしょう。そして、関係性を深め、さらに仲よくなっていくことで「家族レベル」まで到達することができるようです。この後の振り返りにも出てきますが、「レベルを上げていくことは簡単なことではない」という考えも出ていました。

　次の問い「友達のためにどうしてこんなにがんばれたの？」ですが、正直なところ適切な問いではなかったと感じました。理由としては、この問いをしなくてもすでに考えていたからです。この問いを出すのであれば、「友達レベル」「親友レベル」「家族レベル」をさらに考えていく方がよかったと感じています。その後の問い「よい友達関係とは？」も同様に、すでに考えていたため、別の問いの方がよかったと感じました。2時間続きで同じ教材を授業する際、問いを厳選しないと今回のように同じことを考える問いを出してしまうことがよく分かり、今後の実践で気を付けていこうと思いました。

　最後の発問「友達だから信じられるの？　信じられるから友達になれるの？」については、子どもたちが時間をかけて考えている様子を今でも覚えています。それと同時に、授業終了まであまり時間がなかったことも覚えています。先ほど記した二つの問いよりも、「友達だから信じられるの？　信じられるから友達になれるの？」に時間を割いた方がよかったのでしょう。この問いは、頭の中で「友達」と「信じる」ことについて考えている子どもと、自分の友達関係を思い返して考えている子どもがいました。もちろん、どちらが正しいということではなく、「友達」と「信じる」ことに対して自分自身に問いかけ、自分なりの考えを導き出してもらえればそれでいいと考えています。ちなみに読者のみなさん、ご自身の友達のことを思い浮かべてみてください。友達になったから信じられるのでしょうか。それとも信じられると思ったから友達になれたのでしょうか。

子どもの振り返り

・私は信じられるから友達になれると思う。そういう友達だと、ずっと仲がよくて助け合える。

・2人は一生うらぎることはないと思います。ぼくにも、そんな友達ができるかな。

・頭の中の想像だったら家族レベルはできると思うけど、現実だったら難しい。現実は夢の中じゃないから。

・2人とも信用しているし、あきらめない。改めて2人は仲がよいと思ったし、これで「友達」とは何か分かった。

5年 くずれ落ちただんボール箱

B 親切、思いやり

（日本文教出版）

教材研究ノート

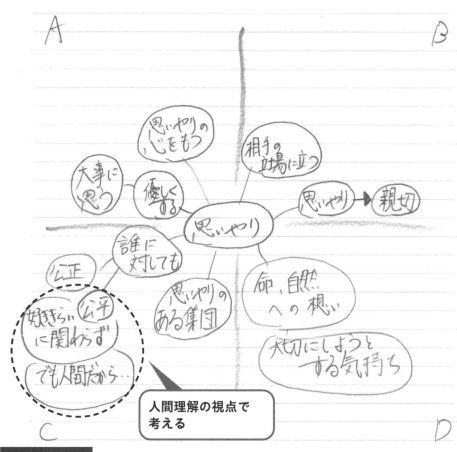

人間理解の視点で考える

教材の概要

　ショッピングセンターへ買い物に来ていた私と友子。近くを通りかかった男の子が、積んであっただんボールを崩してしまいます。男の子は、そのままおもちゃ売り場に行こうとします。私と友子は「迷子になってはいけないので、おもちゃ売り場に行ってください」とおばあさんに伝えます。だんボールを片付けているとき、店員さんに注意をされてしまいます。その後、おばあさんがお礼を言いに戻ってきました。私と友子は、店員さんにもおばあさんにも事実を伝えずに、その場を去ります。

教材研究のポイント

私と友子の行動を通して、思いやりとは何か考える

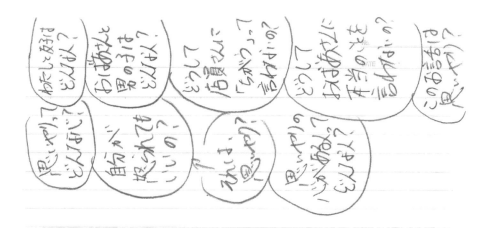

発問の構想

　私と友子はだんボール箱を倒していません。近くにいた男の子が倒したのです。それなのに、本当のことを言いませんでした。ここに、思いやりの心が表れています。その行動を通して、思いやりとは何か、またこの行動を思いやりと言ってもよいのかを考えていきます。

B 親切、思いやり

低学年	身近にいる人に温かい心で接し、親切にすること。
中学年	相手のことを思いやり、進んで親切にすること。
高学年	誰に対しても思いやりの心をもち、相手の立場に立って親切にすること。
中学校	思いやりの心をもって人と接するとともに、家族などの支えや多くの人々の善意により日々の生活や現在の自分があることに感謝し、進んでそれに応え、人間愛の精神を深めること。【思いやり、感謝】

教材研究ノートの左ページを解説するよ

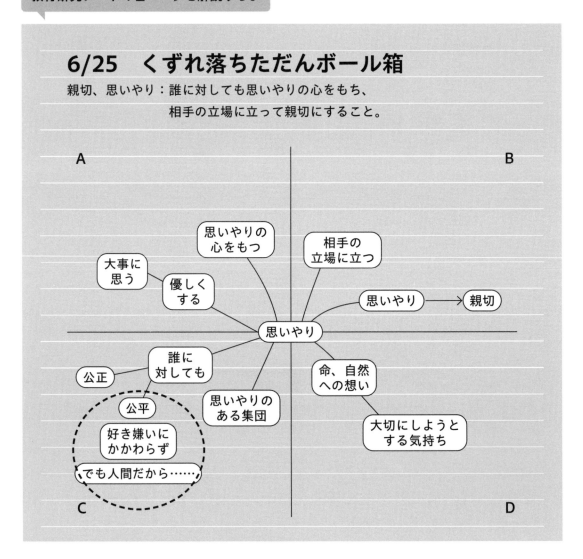

内容項目と教材研究

　低学年のねらいは「身近にいる人」が対象でしたが、高学年では「誰に対しても思いやりの心をもつこと」、そして「相手の立場に立って親切にすること」と対象が広がっています。今回の教材には、身近にいる人ではなく偶然出会った人に思いやりの心をもち、相手のことを想い行動に移した主人公が描かれています。

　さて、「思いやり」とは一体何でしょうか。優しくすることでしょうか。誰かのことを大事に想うことでしょうか。人それぞれ考え方は異なるでしょう。「相手のことを本気で考えているからこそ、何も行動せずに見守ること」も思いやりかもしれません。そもそも「思いやり」は目に見えるのでしょうか。見えているのは、「親切」にした行動かもしれません。「思いやり」や「親切」という言葉は、子どもたちも知っているでしょう。知っている言葉だからこそ、道徳的価値を子どもたちに直接問いかけても、多様な考えが出てくることが予想できます。むしろ、私たちが考えもしなかった考えが出てくるかもしれません。

　今回、高学年のねらいにある「誰に対しても」に注目して考えてみました。複数を対象にしていると考えたため、ウェビングマップＣの視点に記しました。「誰に対しても」というキーワードは、内容項目Ｃの視点「公正、公平、社会正義」にも記されています。誰に対しても思いやりの心をもつことは大切だと考えます。好き嫌いをしないで接することも大切です。そんなことは分かっているはずなのですが、私たちは人間ですから実現することが難しいこともあります。そこに人間の弱さがあります。そのような視点から、「思いやり」や「親切」を実現することの難しさを考える発問も考えられるでしょう。学級の子どもたちと教材の特性に合わせて、発問を考えていきましょう。

教材研究ノートに記した発問

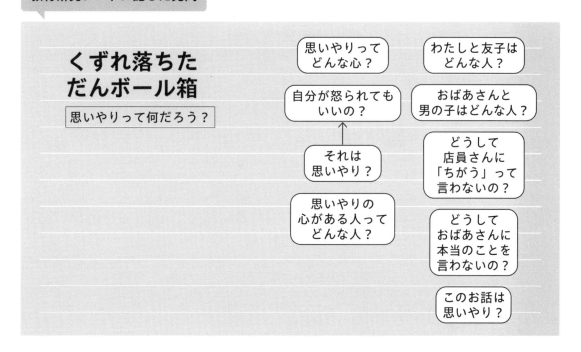

教材と内容項目の関連

　お話を読んで、すぐに思ったことがあります。それは、「このお話に登場する主人公の行動は、思いやりと言ってよいのか」ということです。自分たちがだんボールを倒したわけでもないのに、おばあさんと男の子のことを想い、店員さんに真実を伝えませんでした。もちろん、その行動は素晴らしいことだと思います。しかし、「こういうときに、誰かのために行動するのが思いやりです。みなさんもこれからは、この2人のようにしましょう」と子どもたちに話すことには、違和感を覚えます。

　また、教材の最後の場面では、男の子がだんボールを倒したという事実を知った店員さんから、学校宛に手紙が届きます。手紙には、謝罪と感謝の言葉が記されていました。もし、この手紙が届いていなかったら、2人はモヤモヤとし続けていたかもしれません。どの場面に着目したとしても、2人の行動について考えることを通して、思いやりとは何かを考えていきたいと思いました。読者のみなさんは、主人公の行動を思いやりだと考えますか。もし、「思いやりとは違う」と感じられたのであれば、どこに違和感を覚えましたか。

　範読後の発問として、「どうして店員さんに、私たちではないと言わなかったの？」「どうしておばあさんに本当のことを言わなかったの？」を考えました。どちらの発問をしても、主人公の行動について問うことができます。また、「この2人の行動を、どのように思った？」という発問も考えました。どの発問をしたとしても、そこから教材に描かれている思いやりについて考えていこうと思いました。問い返し発問として、「それは思いやりと言えるの？」「自分が怒られてもいいの？」を考えました。この発問は、そもそも思いやりとはどういうことか考えを深め、本時のねらいに迫ることを目的としています。私は、このように発問を考えましたが、この段階では、子どもたちが教材を読んでどのように感じるかは分かりません。いずれにせよ、子どもたちの考えをつなぎながら授業を進めていくことが大切です。

授業での板書

くずれ落ちただんボール箱

思いやりって何だろう？

気づかい＝思いやり？

人にやさしくする←

その人のことを心配する←

大事にする←

「わたしたちじゃない」ってどうして言わないの？

挿絵 ← 圧がすごい

言わないのが思いやり？

心配

この2人には、思いやりの心があるの？

人におこられてもいいことをするのはいいの？

◎思いやりの心がある人ってどんな人？

誰にでもやさしくできる人。

自分よりも他人を心配する人。

自分50％　他人50％　いいの？

手助けできる人。

助ける心がある人。

全部がつながって思いやり

思いやりが↓親切になる

アンパンマン

助けられている　助ける

授業の様子

　お話の感想を聞くと、「2人の行動が優しい」という考えが多かったです。でもその中に、「どうして自分たちがだんボールを倒したのではないと言わないの」とつぶやいた子がいました。その意見に共感し、「僕なら絶対に言うわ」と話した子どももいました。そこで、「私たちじゃないってどうして言わないの？」と発問しました。「店員さんの圧がすごかったから」という考えが出てきました。「圧がすごかったから、言わなかったの？」と問い返すと、「思いやりの気持ちがあるから」「心配しているから」と子どもたちから返ってきました。共感の声もあれば、「ん〜。何かが違うなぁ」という雰囲気も感じられたので、「この2人には、思いやりの心があるの？」と発問し、考えていくことにしました。「思いやりの心はあるけど、自分が怒られるのはいやだ」「だんボールを片付けたのは思いやりだけど、自分たちではないよと店員さんに言った方がよかった」という考えが出てきました。優しい行動だけど、モヤモヤと感じたことを共有する時間となりました。

　展開後段では、「思いやりの心がある人ってどんな人？」について考えていきました。「誰にでも優しくできる」というまさしく高学年のねらいに迫る考えが出てきました。「誰にでもって難しくないの？」と問い返すと、「難しいけど、みんなに優しくすることが大事」という考えが数人から返ってきたことを覚えていますが、「どうして難しいことがあるのかな？」とさらに問い返し、深めていきたかったなと後悔しています。その後、興味深かったのが、「助ける心がある人」という考えが出てきたことです。それまでは、行動についての考えでしたが、「助ける心」という内面の考えが出てきました。「助ける心ってどんな心？」と学級全体に問い返すと、先ほどとは別の子が「アンパンマンみたいな人」と答え、「そうそう」とたくさんの共感の声があがりました。「アンパンマンは、困っている人を助けようとしているから助ける心がある」「でも、アンパンマンもジャムおじさんとかに助けてもらっているよ」「ということは、ジャムおじさんにも助けようとする心がある」というように子どもたちだけで、どんどん話が進んでいきました。そして最後に、「思いやりが親切になる」「（子どもたちから出てきた考えの）全部がつながって思いやりになる」と子どもたちが、思いやりについて考えたことをまとめるような発言で授業を終えました。

子どもの振り返り

・思いやりとは、手助けすることと考えていたけど、人のことを助けようとする心も大切だと思った。

・思いやりの心をもつのは簡単だと思う。困っている人を見ると、思いやりの心が出てくるから。

・思いやりがあった方がいい。なぜかと言うと、誰にでも優しくできたり、誰かが困っているときでも、すぐにかけつけられるからです。

・頭では分かっているけど、実際に優しくするのは難しいと思った。自分より他人のことを優先してまでやることかなと思った。

6年 ぼくの名前呼んで

C 家族愛、家庭生活の充実

（光村図書出版）

教材研究ノート

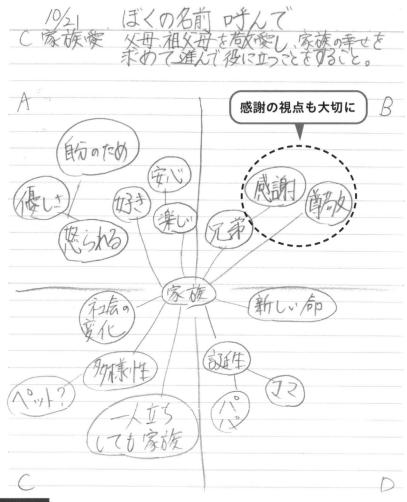

教材の概要

　主人公の太郎の両親は、共に聴覚障害者であり、言語障害者です。ある日、学校で太郎とけんかになった相手に「やあい、おまえ、父ちゃん母ちゃんから、一度も名前呼ばれたことないだろう。これからもずっと呼ばれないぞ。いい気味だ」とからかわれます。放心状態になった太郎は、突然立ち上がり、自分の家にいる父のもとへ駆けこみます。太郎は、泣き叫びながら「ぼくの名前呼んで」と手話で伝えます。すると父は、太郎を力いっぱい抱きしめ、手話で自分の想いや妻の想い、そして太郎への想いを語り始めます。太郎は、父の心の底からほとばしり出るような手話を、まばたきもせず見つめていました。

教材研究のポイント

問いを一つに絞り、じっくりと考える

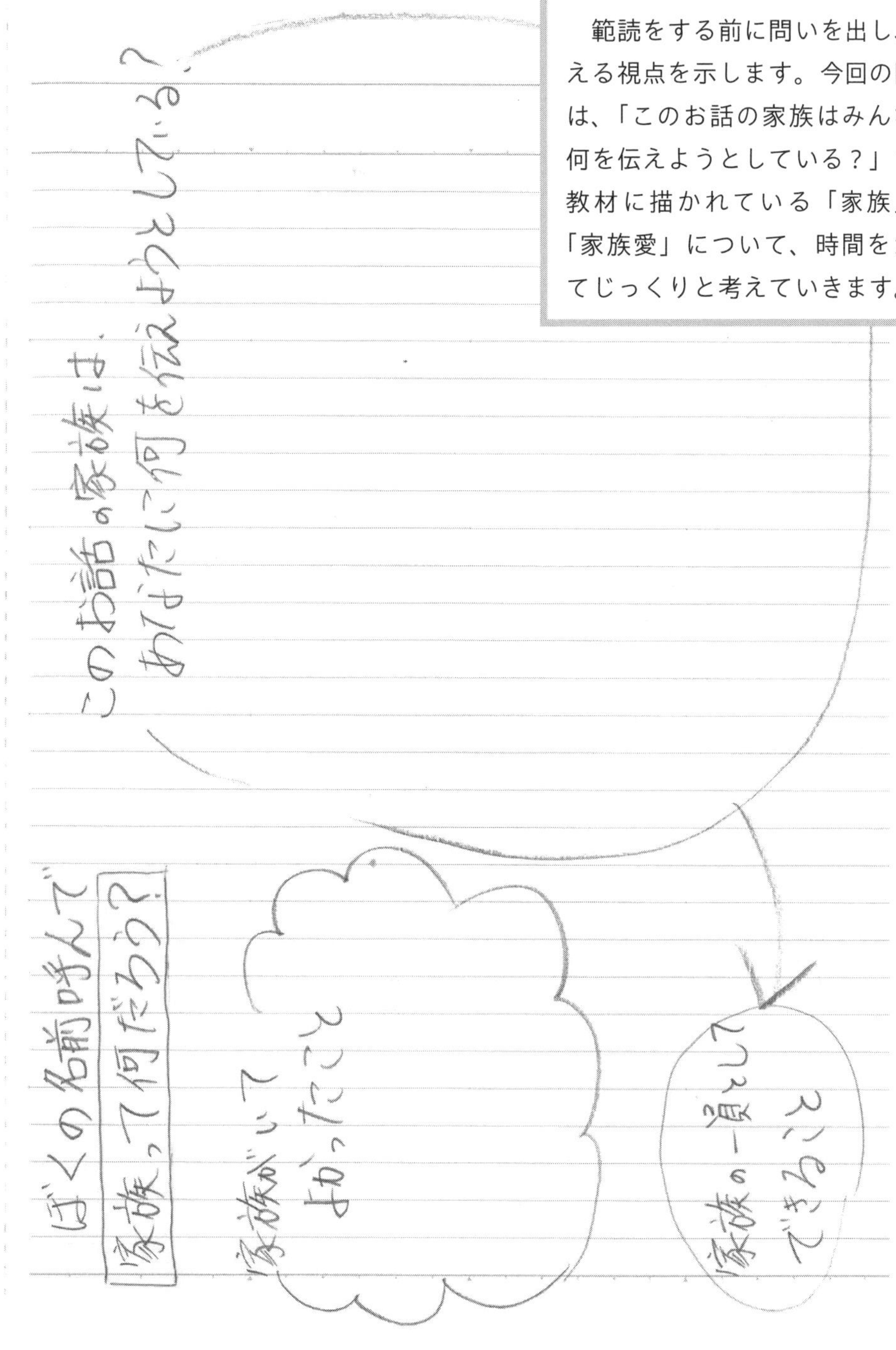

発問の構想

　範読をする前に問いを出し、考える視点を示します。今回の問いは、「このお話の家族はみんなに何を伝えようとしている？」です。教材に描かれている「家族」や「家族愛」について、時間をかけてじっくりと考えていきます。

第3章

このお話の家族は、みんなに何を伝えようとしてる？

ぼくの名前呼んで
家族って何だろう？

家族が"いい"？

いちばん１頃〜の家族って

C 家族愛、家庭生活の充実

低学年	父母、祖父母を敬愛し、進んで家の**手伝い**などをして、**家族の役に立つ**こと。
中学年	父母、祖父母を敬愛し、家族みんなで**協力**し合って**楽しい家庭をつくる**こと。
高学年	父母、祖父母を敬愛し、家族の**幸せ**を求めて、**進んで役に立つことをする**こと。
中学校	父母、祖父母を敬愛し、家族の一員としての**自覚**をもって**充実した家庭生活を築く**こと。

教材研究ノートの左ページを解説するよ

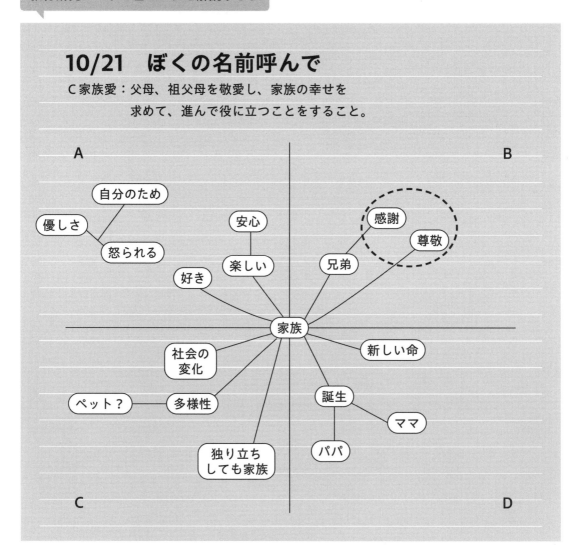

内容項目と教材研究

内容項目は、Cの視点「家族愛、家庭生活の充実」です。「家族愛の授業をすることは気を遣う（または難しい）」という悩みを何度か聞きました。私も教材によって気を遣うことがありますし、教材を差し替えたこともあります。小学校学習指導要領解説には、「家庭は、児童にとって生活の場であり、団らんの場である。児童は家庭で家族との関わりを通して愛情をもって保護され、育てられており、最も心を安らげる場である」と記されています。それは、理想の家族像かもしれませんが、学級の子どもたちの家庭はどうでしょうか。家族の在り方の変容やひとり親家庭の増加、ネグレクトやヤングケアラーなどが学級の子どもを取り巻く課題となっているかもしれません。そのような学級の実態を踏まえたときに、「家族愛の授業をすることは気を遣う（または難しい）」という悩みが出てくると考えています。当然、学級には家庭背景の異なる子どもが在籍しているため、「多様な家族構成や家庭状況があることを踏まえ、十分な配慮を欠かさないようにすることが重要である」と学習指導要領解説に記されている通り、一人一人の子どもたちや家族に配慮しながらも、「家族の役に立つこと」や「充実した家庭生活を築くこと」について考えていくことが求められます。

各学年のねらいを見ると、「父母、祖父母を敬愛し」というキーワードは共通していることが分かります。そのことを基盤にしながら考えていきましょう。「お手伝いをして、褒めてもらえてうれしい」から「自分たちにできることは何かな。家族のために、役に立つことができるようになりたい」と自ら考えて行動する力は、学年が上がるにつれて養われていきます。目の前の子どもたちに合わせて、授業を展開していきましょう。

内容項目の一覧を見ると、「家族」という言葉は、内容項目Bの視点「感謝」（中学校では、「思いやり、感謝」）にも記載されています。家族への感謝も「家族愛」と捉えることができることから、本内容項目の授業をする際、「感謝」についての視点をもつことをおすすめします。小学校高学年と中学校に共通することは、「感謝する」だけでなく「応えること」です。「応えること」は、「家族愛」の授業をする上でも、授業づくりのヒントになると考えます。

教材研究ノートに記した発問

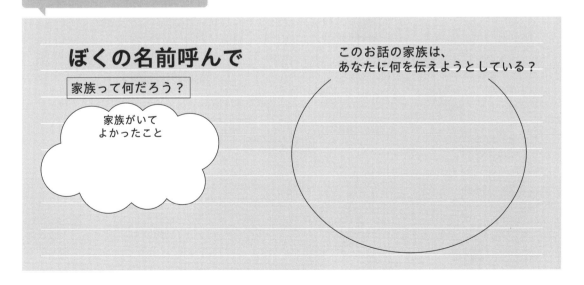

教材と内容項目の関連

　からかわれたことにより、太郎の家族への想いがあふれ出します。辛く、切ない想いを父親にぶつけます。しかし、そのことがきっかけとなり太郎は、涙を流しながら愛に満ちた手話をする父の姿を目にすることとなります。

　「家族は、親子及び兄弟姉妹という関係により一般的に成り立ち、その一人一人が、誰かと取り替えることができないかけがえのない価値を有する存在である。人間は、過去から受け継がれてきた生命の流れの中で生きている。祖父母や父母が在ること、そして自分は、そのかけがえのない子供として深い愛情をもって育てられていることに気付かせることが大切である」と中学校の学習指導要領解説に記されていますが、きっと太郎は、両親が自分に対して抱いている「深い愛情」に気付いたことでしょう。

　この「深い愛情」に着目するため、授業の展開では、「このお話の家族はみんなに何を伝えようとしているの？」という問いについて共に考えていくことにしました。普段は、子どもたちの感想から、問いや授業の展開を決めていきますが、本時では、範読前に「『このお話の家族はみんなに何を伝えようとしているの？』という問いについて考えていきます」と伝えました。範読をする前に考える視点を示すことも、焦点化して考えるための有効な手法だと考えています。

　本教材のようなメッセージ性の強い教材で授業をすると、「いいお話だった」「感動した」という想いをもつ子どもたちが複数いることが予想できます。そこで授業を終えると、感動的な絵本の読み聞かせのようになってしまいます。道徳の授業ですから、本時のねらいに迫るために、「家族愛」だけでなく、「家庭生活の充実」、そして小学校高学年と中学校の「感謝（特に応えること）」の視点をもちながら考えを広げ、深めていくことが大切です。

授業での板書

ぼくの名前呼んで

家族って何だろう？

大切な人。
助けてくれる。
はらが立つときもある。

家族がいてよかったこと
　楽しい。
　家事をしてくれる。
　安心する。

反対に……
ない。けんかした。
おこられた。

このお話の家族はみんなに何を伝えようとしている？

何があっても
家族を大事に

だきしめている

挿絵

私は耳が
聞こえないけど
幸せです

太郎も幸せと
思っている？

名前は呼べないけど
しっかり生きてほしい

しっかりした大人

家族がいれば
幸せになれる

どうして？

どんなことがあっても
家族は家族

これからもけんかを
するかもしれないけど、
大切な家族。

みんなの家族は
　　　どんな家族？

家族の一員として
みんなにできることは
何だろう？

授業の様子

　導入では、家族について考えました。家族に対する考えはポジティブな内容が多かったですが、「腹が立つときもある」という意見が素直で子どもらしいと感じました。その後、家族がいてよかったことを問うと、一緒に過ごしている中で感じることや何かをしてもらっているという考えが多かったです。「家族に怒られていやなこともあるけど、さすがに家族がいなかったらよかったとは思えない」と話していた子どももいました。その後、「このお話の家族はみんなに何を伝えようとしているの？」という問いを出してから教材を読みました。

　範読後、しばらくの間、沈黙が続いたことを覚えています。授業後に子どもたち数人から話を聞くと、「感動して、言葉が出なかった」と話してくれました。意図的に間を置いてから、「このお話の家族はみんなに何を伝えようとしているの？」と問いかけました。ワークシートに自分の考えを書いている間も静かで、鉛筆で文字を書いている音だけが聞こえてきました。教材の世界観に引き込まれ、じっくりと考えている様子が見られました。

　子どもたちから「何があっても家族を大事にしてほしい。それは、お父さんが太郎（主人公）を抱きしめている絵から伝わる」「私は耳が聞こえないけど幸せです」「名前は呼べないけど、しっかり生きてほしい」「家族がいれば幸せになれる」「どんなことがあっても家族は家族」という考えが出てきました。ここでも、静かに考えを聞いている様子が見られました。

　最後に、自分の家族はどんな家族か、家族の一員としてできることは何かを考え、終末へと移りました。改めて考えると、１時間の授業の中で、発問や子どもたちのつぶやきが少ない授業でした。活発な議論が行われたわけではありませんが、「自己を見つめること」「自己の生き方について考えること」ができた授業であったと感じています。

子どもの振り返り

・昨日怒られたばかりだったから、家族のいいところがあまり思いつかなかったけど、この話を読んだら、やっぱり家族は大切だと思った。子どもを大切に思っていない親はほとんどいない！

・やっぱり家族は大切やなぁ。家族がいなかったら、生きられない。どんな家族でも楽しく生きることができたら幸せだと思う。

・どんなことがあっても家族は家族。家族のことでいじめられたりするかもしれないけど、一番近くで見守ってくれているのは家族。だから家族を大事にしないといけない。

・家族のためにできることは、今すぐには思いつかないけど、何かあるはず。自分にできることをしようと思う。

・家族と過ごすことは、すごいことだと思いました。世の中には家族がいない人もいるから、家族の温かさを感じました。

・家族がいなかったら生きていなかった。家族がいてよかった。ピンチのときに協力できる家族になりたい。

3年 きみの家にも牛がいる

D 生命の尊さ

（解放出版社）

教材研究ノート

人権教育との関連を意識する

教材の概要

　牛は、人が食べるために育てられ、食肉市場で解体されます。しかし、牛は食べるだけではありません。私たちの生活の中にある意外なものまで牛からできています。例えば、石鹸やたいこ、グローブやアイスクリームなどです。牛は丸ごと一頭、捨てるところが一つもない動物です。牛がどのように解体、そして加工され、私たちの生活と関わっているのか学ぶことができる1冊です。

教材研究のポイント

ねらいを明確にし、授業の方向性を定める

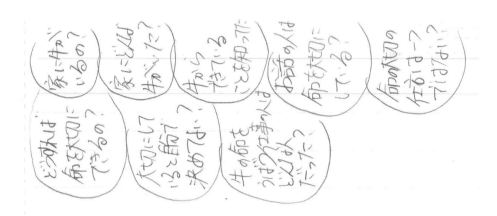

発問の構想

　本授業では、絵本を活用するため内容項目が設定されていません。この絵本を通して、子どもたちと何を考えたいのかを明確にする必要があります。ねらいが決まらないことには、当然ですが発問も決まりません。

D 生命の尊さ

低学年	生きることのすばらしさを知り、生命を大切にすること。
中学年	生命の尊さを知り、生命あるものを大切にすること。
高学年	生命が多くの生命のつながりの中にあるかけがえのないものであることを理解し、**生命を尊重する**こと。
中学校	生命の尊さについて、その**連続性**や**有限性**なども含めて理解し、**かけがえのない生命を尊重する**こと。

教材研究ノートの左ページを解説するよ

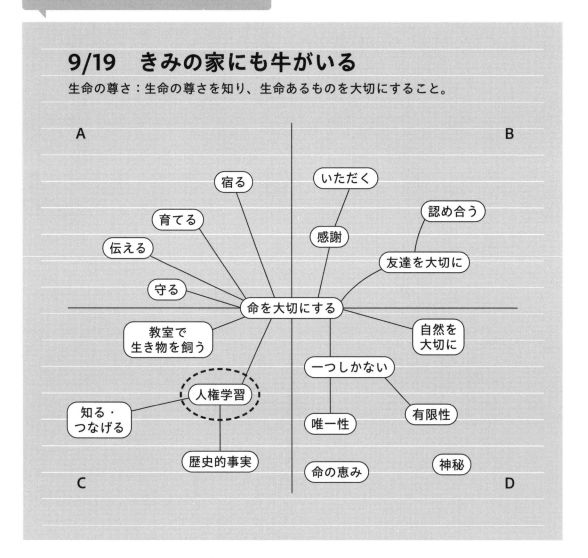

内容項目と教材研究

　この授業は、教科書教材ではなく、絵本を活用して進めていきました。普段行っている教材研究は、内容項目について考えてから教材を読んでいきます。しかし、今回は教材を読むことから始めました。それは、絵本であるために内容項目が設定されていないからです。まずは絵本を読み、子どもたちと考えていきたいテーマや本時のねらい、そして内容項目を設定しました。私はDの視点「生命の尊さ」を選択しましたが、Cの視点「勤労、公共の精神」でも授業を進めることができるでしょう。

　導入では、「命を大切にする」とはどういうことかを考えていきます。子どもたちからは、「命を守る」「命を育てる」「命は一つしかないから大切にしたい」という考えが出てくるのではないかと予想し、ウェビングマップに書き込みました。「命が宿る」「命の大切さを伝える」は、弟や妹の誕生や、知り合いに赤ちゃんが生まれた経験など、具体的な場面を経験した子どもたちがもっている視点かもしれません。そのような経験がある子どもがいれば、また前もって把握しておくことができるのならば、子どもたちに問いかけ、エピソードを引き出すことができるかもしれません。

　しかし、どれだけ考えが広がったとしても、今回の教材に描かれている「命を大切にすること」と、子どもたちが考えている「命を大切にすること」は、考え方が異なると感じています。「なるほど。命を大切にするってそういう考え方もあるんだ」と感じ取ってもらうためにも、導入で出てきた意見に問い返し発問をしたり、展開以降で出てきた考えと導入の考えを比較させたり関連させたりしながら授業を進めようと計画しました。

教材研究ノートに記した発問

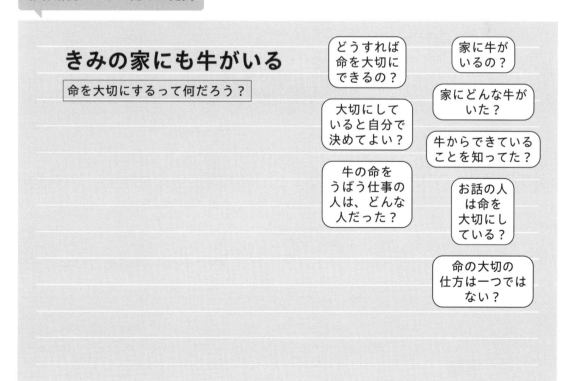

教材と内容項目の関連

「え、みんなの家にも牛がいるの？」と問いたくなるようなタイトルだと感じました。絵本を読む前に、子どもたちの学びたいという気持ちを喚起させる発問として活用できそうだと考えました。また、絵本を読んだ後、「家の中に牛はいた？」と問うことで、短時間で絵本の内容を整理することができるでしょう。

その後、「お話に出てきた人たちは命を大切にすることができているか」について考えていきます。お話には、4人の家族、牛のお世話をする人、牛を解体する人たち、お肉を食べている人たちなど、たくさんの人が登場します。その際、「この家族は命を大切にできている？」「牛のお世話をしている人は命を大切にできている？」と場面ごとに発問をしてしまうと、時間が足りなくなるでしょう。また、時間が足りなくなるため、考えを深めることも難しくなるでしょう。ここではあえて、「お話に出てきた人たちは」と範囲を広げた発問をしていきます。ただし、子どもたちの多くが印象に残っている場面は、牛を解体する場面だと思います。「お話に出てきた人たちは」と問いかけたとしても、「牛を解体している人たちは命を大切にしているか」と考え始めることが予想されます。牛を解体している人たちから考え、次は別の人の視点で考えていくことで多面的・多角的に考えていくことができるでしょう。

ここで大切にしたいことは、先ほども記した導入で出てきた考えと比較、関連させることです。「あれ、さっきは命を守ることが命を大切にすることって言ってなかった？ 牛の命をうばっているのに、命を大切にしていると言えるの？」「命は一つしかないから、命を大切にしないといけないと言ってなかった？ 牛の命は大切にしなくてもいいの？」というように問いかけ、子どもたちの考えをつなげることで、命を大切にすることの新たな側面を見つけることができるでしょう。

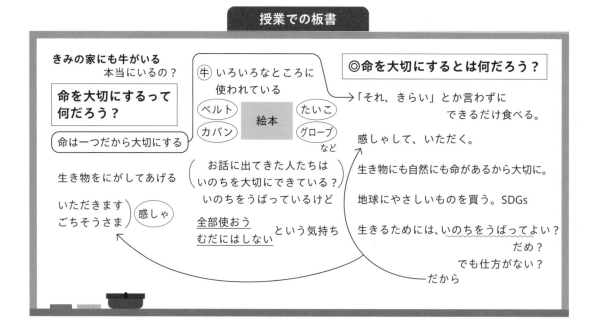

授業の様子（道徳科）

　導入から、「いただきます」と「ごちそうさま」の話が子どもたちから出てくるとは思っていませんでした。「感謝することも命を大切にすること」という考えから、給食の時間だけでなく、日々の生活の中でも意識して「いただきます」や「ごちそうさま」を言っている子どもたちがいることを改めて実感しました。

　展開での「お話に出てきた人たちは命を大切にすることができている？」という発問は、予想通り、牛を解体している人たちの視点から考えが出てきました。もちろん、子どもたちから「牛の命をうばっているから命を大切にできていない」という考えも出てきました。その考えにも共感しながら、大切にしていると考えた子どもたちの考えを聞くと、「命をうばっているけど、牛を全部使っている。無駄にはしないという気持ちがあるから、命を大切にしている」と考えたようです。

　「命を大切にする」ことの新しい一面が見えてきたところで、導入と同じ「命を大切にすること」について再度問いかけました。『『それ、きらい』とか言わずにできるだけ食べる」というのが子どもらしい素直な考えだなと思いました。その後、SDGsの視点が出たり、地球に優しいものを買うという話が出たりしました。また、日本だけでなく世界の課題を知っている子どももいました。

　最後に1人の子どもから、「（人間が）生きるためには、（生き物の）命をうばってもよいのかな？」という問いが生まれました。「仕方がない」「よくはない。けど仕方がない」というつぶやきが多かったのですが、「だから、いただきますやごちそうさまを言うことが大切。そして、できるだけ残さないように食べることも大切」と子どもたちの考えがつながっていく様子が見られました。

🐄 子どもの振り返り（きみの家にも牛がいる）

・すべての生き物を守るのは難しいから、今の自分にできることをしてみようと思った。例えばMSC（海洋管理協議会）認証マークの商品を買うとか。

・命は大切。もし大切な人が亡くなったら、誰でも泣いたり悲しんだりすると思う。命は全員一つしかないから、誰かが亡くなって悲しまない人はいないと思う。

・この勉強をして、動物から命をもらって料理とかを作っているのだから、「おいしくない」とか言っちゃだめだなと思いました。

・命をうばうのは、わざとではないけど、これからは感謝して食べようと思った。

・生き物からしたら、人間は最低なことをやっていたことにすごく驚いた。これから「いただきます」「ごちそうさま」をするときは、いろいろな生き物に感謝して言おうと思った。

・人は動物や植物の命をもらって生きている。命を大切にしないと失礼。

授業の様子（総合的な学習の時間）

また、総合的な学習の時間を活用して、牛に関する学習をしました。道徳科ではなく、総合的な学習の時間で取り組んだのは、事実を「知ること」、そして自分たちの生活を支えてくれている人々や動物への「感謝の心をもつこと」、さらに牛のいのちを「活かすこと」について考えを広げ、学習を深めていきたいと考えたからです。今回行った命の学習から視点を変え、牛を解体する仕事をしている人を中心に学習を進めていきました。『うちは精肉店』『いのちをいただく』という絵本を活用し、授業を進めていきました。どんな表情で牛を解体しているのか、どんな悩みがあるのかを学びました。

また、差別や偏見があることも学習しました。『きみの家にも牛がいる』の学習で解体されている牛を見て、「気持ちわるい」「くさそう」とつぶやく子どもが数人いましたが、この絵本で学習した際は、そのような発言はありませんでした。道徳の授業だけで終えることなく、学習をつなぎ合わせたからこそ、子どもたちの中で新たな学びが生まれたと感じました。

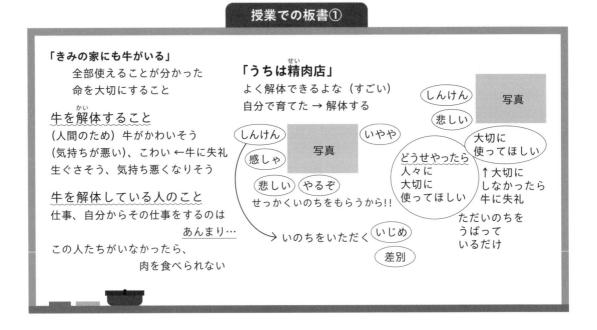

子どもの振り返り（うちは精肉店）

・牛を解体するのはさみしいと思うけど、牛のいのちをもらわないと、生きていけない。だから、いのちをもらっていることに真剣にならないといけないと思った。

・今、自分にできることは、感謝して食べることもあるけれど、牛とか魚とかの勉強をして、牛や魚のことをもっと知ること。

・牛を解体して失敗したら、牛からいのちをうばっただけ。牛を解体するのは絶対悲しい。この人たちがいなかったら、お肉も道具もない。

授業での板書②

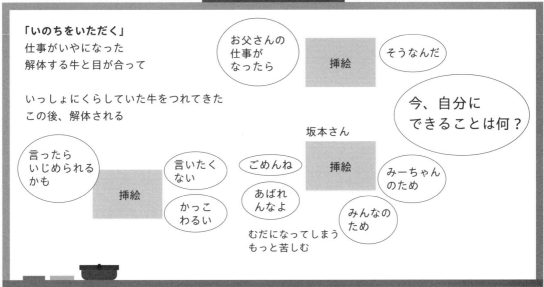

子どもの振り返り（いのちをいただく）

- この話に似たことがありました。昔、飼っていた犬が天国に行きました。そのとき私は小さかったから、そういうこと（死ぬということ）をまだ知らなかったんですよ。だから泣きもしなかったんです。でも今はめっちゃ悲しいです。
- みーちゃん（牛）がみんなのためにっていう理由で食品にされてしまったけど、みんな他の動物もこんな風にされているのかは分からないけど、食品にされるのは当たり前ではない。
- お父さんの仕事を言わなかったのは、言ったらいじめられると思ったからだと思う。それと、牛が血を流しているのがかっこわるいと思って言わなかったと思う。でも私はかっこいいと思う。そういう仕事の人がいないとお肉を食べられない。
- 元気な牛を倒すと聞いて信じられなかったけど、私たちのためにお肉になってくれていて、感謝の気持ちでいっぱいです。今できることは、身の回りの生き物を大切にすることです。
- いのちをいただくのは、つらい。自分たちが育てたものを解体するのは、もっとつらい。お話を聞いて考えたら、自分も悲しいしつらいし、しんどかった。こんなにつらいこととは思っていませんでした。いのちをいただいているのに、食べ残すことはだめだと思った。
- 今、自分にできることは、食べ物を食べる前に感謝して「いただきます」と「ごちそうさま」を言うことだと思う。ほかにできることは、物や人を大切にすること。
- 今の自分にできることは、まず人のために犠牲になっていることを知ること。そして、「ありがとう」という気持ちをもつこと。

4年 なんで勉強しなきゃいけないの？

A 善悪の判断、自律、自由と責任　　（NHK for School　Q〜こどものための哲学）

教材研究ノート

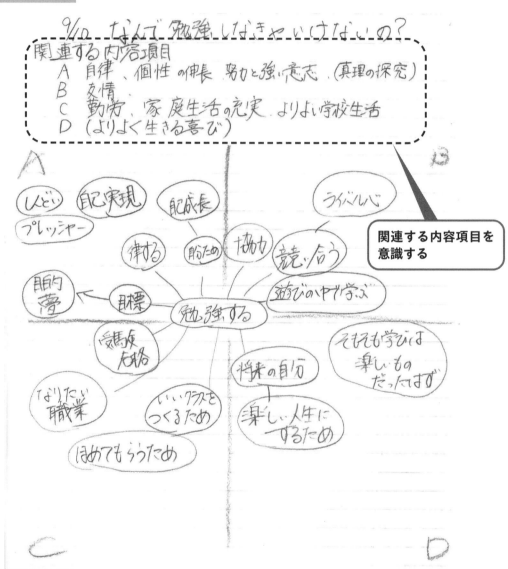

関連する内容項目を意識する

教材の概要

学習することに対して、前向きに考えてほしいという願いから、NHK for School『Q〜こどものための哲学』を活用して授業をしました。あらすじは、QRコードを読み取り「動画を再生する」、または「あらすじを読む」からご確認ください。

教材研究のポイント

タイトルをそのまま直球で問う

発問の構想

「なんで勉強しなきゃいけないの？」。一度は考えたことのある問いではないでしょうか。勉強はしなければいけないものなのでしょうか。自分のために進んでするものではないでしょうか。子どもたちに直球で問うことで、素直な考えが出てくるでしょう。教師も子どもと一緒に本気で考えることができるテーマだと思います。

A 善悪の判断、自律、自由と責任

低学年	よいことと悪いこととの区別をし、よいと思うことを進んで行うこと。
中学年	正しいと判断したことは、自信をもって行うこと。
高学年	自由を大切にし、自律的に判断し、責任のある行動をすること。
中学校	自律の精神を重んじ、自主的に考え、判断し、誠実に実行してその結果に責任をもつこと。【自主、自律、自由と責任】

教材研究ノートの左ページを解説するよ

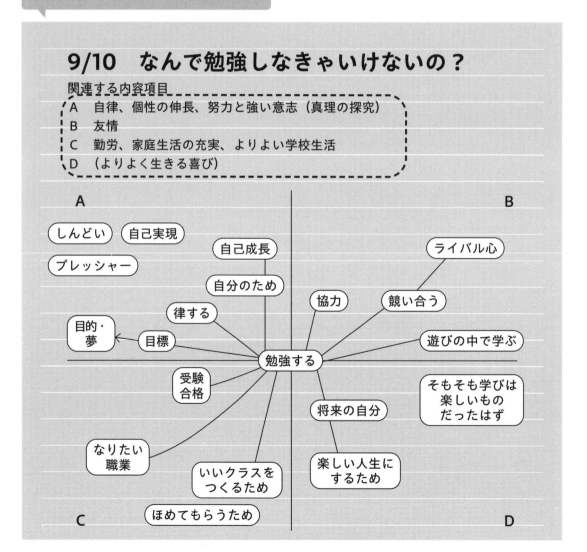

内容項目と教材研究

　今回、授業をするに当たって一番悩んだことがあります。それは、内容項目の設定です。全内容項目22個を確認していくと、今回の授業は複数の内容項目と関連があると感じました。

　そこで、教材研究ノートにも記したように、関連していると考えた内容項目をすべて書き出しました。Aの視点「自律」「個性の伸長」「努力と強い意志」「真理の探究」、Bの視点「友情」、Cの視点「勤労」「家庭生活の充実」「よりよい学校生活」、Dの視点「よりよく生きる喜び」の九つと関連が深いと考えました。教材研究ノートの「真理の探究」と「よりよく生きる喜び」は5年生以降に設定されている内容項目であるため、括弧書きにしています。

　関連する内容項目がたくさんありましたが、悩んだ結果、「自律」に軸を置いて授業を進めようと決めました。それは、本来学びとは誰かに指示されて行うものではなく、自発的に行うものだと考えているからです。しかし、「自律」に縛られすぎることのないように子どもたちの考えをつなぎながら授業を進めていきたいと考え、ウェビングマップの中心には「勉強する」と書きました。「受験のために勉強する」「なりたい職業に就くために勉強する」ということも間違いではないでしょうが、勉強自体をしないと困ることがあるというように考える子どももいるでしょう。ポジティブに考えていくことができるように、また「学ぶことは楽しいこと」と捉えることができるように発問を工夫していきたいと考えました。

　ご存知の通り、現行の学習指導要領では、粘り強く取り組む力や自らの学習を調整する力が求められています。本授業だけで、子どもたちを自律的な学習者へと導くことができるとは思っていません。本授業を通して、これまでに学んできた「学び方の勉強」や「学びの自己選択」「学級をよりよくするための活動」などが、子どもたちの中でつながり、さらに成長することができる一つのきっかけになればと考えました。そうすることで、自律的な学習者へと一歩近づくことができるでしょう。

教材研究ノートに記した発問

なんで勉強しなきゃいけないの？

大人はいじわるで
勉強しろって
言うの？

どうして
勉強するの？

結局どうして
勉強するの？

しなきゃいけ
ないの？

勉強させられ
ているの？

した方が
いいの？

勉強すると
どんないいこと
があるの？

教材と内容項目の関連

「なんで勉強しなきゃいけないの？」。先ほど紹介した絵本と同じように、子どもたちに問いたくなるようなタイトルだと感じました。もしかすると、子どもたちから勉強をする理由を聞かれたことがある方もいらっしゃるかもしれません。また、読者のみなさんが子どものときに、なんで勉強をしないといけないのかと感じたことがあるかもしれません。「なんで勉強しなきゃいけないの？」と聞かれたら、何と答えるでしょうか。子どもたちが納得する考えを伝えることは難しいかもしれませんが、子どもの教育に携わる者として、自分なりの考えはもっておきたいですね。また、「勉強していなかったら、将来困ることになるよ」「とにかく勉強しなさい」などと言われたことはありませんか。間違いではないでしょうが、これでは子どもたちが意欲的に学ぼうと思うことは難しいでしょう。

今回は、勉強「しなきゃいけない」に注目しました。勉強ってしないといけないものですか。勉強をしないと罰せられるのでしょうか。そんなことはありませんよね。「宿題があるから終わらせないといけない」「宿題が終わらないとゲームができないから、早く終わらせよう」。このような経験から、子どもたちは勉強をしないといけないものと認識しているのかもしれません。「自己調整学習」「自由進度学習」「学び合い」などの実践は、子どもたちの学びたいという意欲を引き出し、勉強はしないといけないものではなく、勉強するって楽しいと思うことができる手法の一つでしょう。

教材研究の話に戻ります。タイトルである「なんで勉強しなきゃいけないの？」を考えた後、「そもそも勉強ってしないといけないものなの？」と発問しようと考えました。きっと子どもたちの素直な意見が出てくると思います。「誰のために勉強をするのか」「怒られないために勉強をするのか」「勉強に対する想い」「勉強をした方がいいのに、集中できないことがある」など、たくさんの考えが予想されます。内容項目を設定するときに、「自律」を軸にすると記したように、「こんな展開にする」と明確に決めないで、ある程度の方向性を定め、子どもたちの考えを中心とする授業を展開したいと考えました。

授業での板書

なんで勉強しなきゃいけないの？

勉強するって何だろう？

きまり？
したくない
人もいる
でも、いつ
やっても同じ

これからのため（自分）
しょう来
当たり前

自分が
よかったら

やらなくても
よい？

いつかのためにおぼえておく（自分）（子）

つかうかもしれない（自分）

わすれないため（自分）受験

勉強する
よさ

大人はさいてい？
大人のいじわる？

遊んでいる子ども
がうらやましい

勉強

きらい

つまらない

役に立つ
ことも
ある

役に立たない

大人に
言えば
いいのに

やらなくてもよい？

◎けっきょく、なんで勉強
しなきゃいけないの？

えらくなれる。→特ぎ→仕事
分からないことが分かる。
テストで100点

しょう来のため
いろんなことを知れる。
しないといけないの？

大人になってこまらないため？

授業の様子

「これからのため」「将来のため」「使うかもしれない」など、自分にとって大切という考えが多く出ました。受験や就職するために、学力が必要だということを子どもたちは知っているようでした。「学ぶことが楽しいから勉強する」という考えが出てこなかったのが少し寂しく感じたと同時に、今以上に授業に工夫を凝らす必要があると感じました。

子どもたちから、「自分がよかったら、勉強をやらなくてもよい？」という新たな問いが出てきました。興味深い問いだと感じました。それは、子どもたちがどちらを選択するのかなと思ったからです。「勉強しなくてもよい」「それでも、勉強しないといけない」。子どもたちは、どちらの考えが多かったと思いますか。結果は、圧倒的に「勉強しなくてもよい」が多かったです。自分が困るだけだからしなくてもよいそうです。「自分の子どもにも勉強を教えてあげられないから困る」という意見も出てきました。

「勉強はしないといけないの？」という問いも出てきました。先ほどの問いと似てはいますが、しないといけないことではないという考えが多く出てきました。しないといけないことではなく、した方がいいことだそうです。先生に勉強をさせられているのではなく、教えてもらって賢くなっているのだそうです。

今回の授業を通して、「勉強はさせられているものではない」と改めて感じました。大人もそうではないでしょうか。勉強ではなく、学びと表現するかもしれませんが、大人もたくさん学んでいます。もちろん、仕事で学ばないといけないものもありますが、自主的に学んでいることもありますよね。読者のみなさんが、本書を読んでくださっているのも、新たな学びを求めてではないでしょうか。私が今この原稿を書いているのも、1人でも多くの方のお役に立つことができるように、本書を必要な方にお届けできるようにという想いで書いています。「自律」を軸としたことは間違いではなかったと感じています。

第3章

🔄 子どもの振り返り

・勉強したら、いろいろなことを知れる。勉強は役立つ。言っていいこととだめな言葉のちがいも分かる。

・勉強したくないときがある。でも、それはみんな一緒。勉強したら、いろいろなことを知れて、偉くなれる。

・将来の夢にたどりつくためにも勉強する。かけ算とかが分からなかったら自分が困る。

・「なんで勉強しなきゃいけないの？」って聞かれたら、勉強しないで自由に遊べばいいんじゃないって言うと思う。結局その人が困るだけ。

・私も「なぜ、勉強しないといけないの？」って思っていたけど、この授業でなぜ、勉強した方がよいか分かった。

・勉強しなくて困るのは自分。困りたくないなら、勉強した方がいい。勉強した方が、楽しく生きていけると思う。

117

3年 ふつうってどういうこと？

B 相互理解、寛容　　　　　　　　（NHK for School　Q〜こどものための哲学）

教材研究ノート

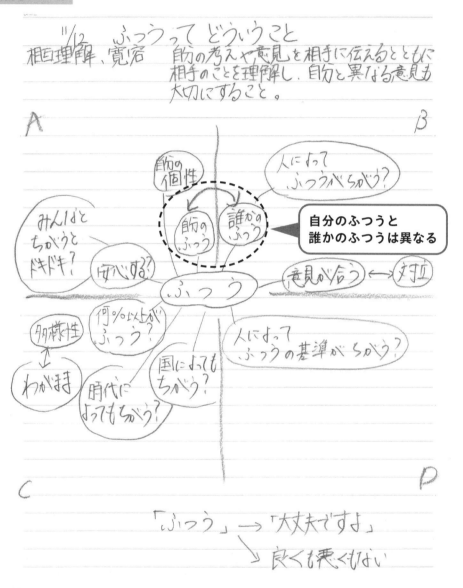

教材の概要

本授業では、「ふつうって何だろう？」というテーマを設定しました。あらすじは、QRコードを読み取り「動画を再生する」、または「あらすじを読む」からご確認ください。

教材研究のポイント

自分と異なる意見も大切にすることを意識する

発問の構想

　この教材でも「ふつうって何だろう？」というように直球で問いかけます。使ったことのある言葉だからこそ、たくさんの考えが出てくることが予想されます。自分にとっての「ふつう」は、他の人にとって「ふつう」ではないかもしれません。「ふつう」に関する考えを広げながら授業を進めていきます。

B 相互理解、寛容

低学年	
中学年	自分の考えや意見を**相手に伝えるとともに**、相手のことを理解し、**自分と異なる意見も大切にすること**。
高学年	自分の考えや意見を相手に伝えるとともに、**謙虚な心をもち、広い心で自分と異なる意見や立場を尊重する**こと。
中学校	自分の考えや意見を相手に伝えるとともに、それぞれの**個性や立場を尊重し**、いろいろなものの見方や考え方があることを理解し、**寛容の心をもって謙虚に他に学び、自らを高めていくこと**。

教材研究ノートの左ページを解説するよ

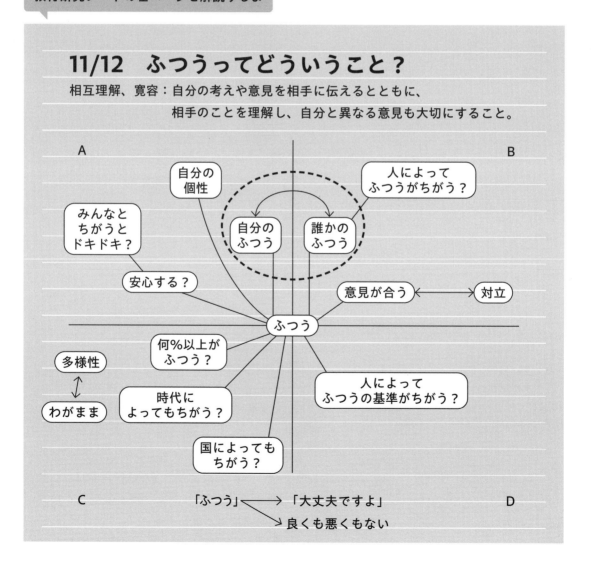

内容項目と教材研究

　「互いを認め合い、いきいきと学び合う児童の育成」。これは、本校の研究目標です。各学年や学校全体で具体的な方策を練り、目標の実現に向けて教育活動に取り組んでいます。今回は、その一つの取組として、この授業を設定しました。「なんで勉強しなきゃいけないの？」とは違い、内容項目を設定する際に迷いはありませんでした。「互いを認め合う」という視点から「相互理解、寛容」を選択しました。

　「ふつう」とは一体何でしょうか。「ふつう」の考え方は、人によって異なるでしょう。私にとっては「ふつう」のことも、誰かにとっては「ふつう」ではないこともあるでしょう。また、日本人にとっての「ふつう」は、世界の「ふつう」とは異なることもあるでしょう。みんなと違うことは悪いことではなく、その人の特徴であり個性であると考えています。しかし、自分たちと違うことをきらったり、自分のことを強く見せるために傲慢な態度を取ってしまったりすることで、いじめなどの問題も出てきます。一人一人が違うから、おもしろいはずです。みんなの個性が違うから、学級づくりもおもしろいのです。しかし、自分が不利な立場にならないように、自分のことを守り、他者を攻撃してしまうことがあるのが人間です。今回の授業を通して、子どもたちが今以上に互いを認め合い、また考え方の違いも認め合うことができる一つのきっかけになればと考えています。

　なお、私は2023年度と2024年度、3年生の担任をさせていただきました。当然、子どもたちの実態は異なりますので微調整は行いましたが、概ね同じ考えで授業を進めていきました。それは、同じ展開案を活用した際に、どのような違いがあるか確かめたかったからです。共通点や相違点に注目して、読み進めていただければと思います。

教材研究ノートに記した発問

ふつうって何だろう？		国によってもちがう？	ふつうがいいの？
		時代によってもちがう？	ふつうって人によってちがう？
			ふつうっていいこと？
			ふつうという言葉の文章を考えよう
			みんなと一緒がふつう？
			ちがったらふつうではない？

教材と内容項目の関連

　先ほど記した通り、人によって「ふつう」は違うはずです。毎朝、野菜や観葉植物に水をあげるのは、私にとって日常であり「ふつう」のことです。でも、人によっては「毎日水をあげるなんて大変じゃないの？すごいね」と思う方もいるでしょう。また、「ふつう」と聞いて安心することはありませんか。「それは、ふつうだから大丈夫」と言ってもらえると、不安だったことが勇気づけられることもあるでしょう。「みんなと大きく違わないかな」「変だと思われたらどうしよう」そんな不安が自信に変わるかもしれません。「ふつう」とは魔法のような言葉……ではありません。こんな場面では、どうでしょうか。「この料理どうかな？」「ん～。ふつう」この「ふつう」はどのような意味でしょうか。良くも悪くもないという意味に捉えることはできませんか。使う場面を間違えると、相手を傷つける言葉になってしまう可能性があります。

　そこで導入では、「ふつう」とは何かを考えていきます。きっと多様な意見が出ることで、人によって「ふつう」は違うということに気がつくと思います。「ふつうっていいことなの？悪いことなの？」。問い返し発問を使いつつ、子どもたちの考えをつなぎながら授業を進めていき、動画を再生しようと考えました。子どもたちの考えによっては、動画を再生する前に「ふつうという言葉を使った文章を考えてみよう」「人と違うことは、ふつうではないということ？」と発問し、ねらいに迫ることも考えられます。展開のはじめに教材を読むことが、授業の流れとして一般化されていますが、哲学対話のように「ふつう」に関する問いを設定し、学級で話し合った後、展開の終わりに動画を再生することも効果的かもしれません。いずれにせよ、こういう流れで授業を進めると決めるのではなく、子どもたちの実態に合わせて、授業中に展開を決めていきたいですね。

　また、ヨシタケシンスケさんの『なんだろうなんだろう』の絵本の中に、「ふつうってなんだろう」のページがあります。この絵本も活用できると考えました。終末に提示するかもしれないし、授業後に絵本の読み聞かせとして活用できるかもしれません。いずれにせよ、どこかのタイミングで子どもたちに紹介したいと考えました。

授業での板書

授業の様子（2023年度・第3学年）

　子どもたちから「ふつうは人それぞれ」という考えが出てきて、驚きました。単学級であるため、同じクラスメイトになって3年目です。お互いのことをよく知っています。それぞれに個性があることもよく知っています。きっとこれまでの経験から、そのように感じたのだと思います。「一人一人違う」という考えに共感している子どもが多かったことも印象的でした。

　この授業は、公開授業ということで数名の先生方に参観していただきました。そこで、先生方にも「ふつう」とは何か聞いてみました。1人の先生が「目安」だと答えてくれました。あくまでも目安であって、明確に決まっているものではないという考えだそうです。しかし、子どもたちは、どこか納得できていない様子でした。それは、「目安」という言葉に馴染みがなく、意味が分からなかったからだと思います。しかし、その後「基準」というキーワードが出て、「目安」と「基準」が結び付いた子どももいました。

　動画を観た後、「やっぱりふつうは人それぞれ」「ふつうなんてない」「いろいろなふつうがある」「ふつうは無限にある」というような考えが多く出てきました。直接的ではありませんが、互いを認め合うことの大切さについて考えられたと思います。その他に、「人と違うのはふつう」という考えが出てきました。違うことを「特別」だと思う人もいれば、「いや」だと思う人もいるそうで、どちらかが正しいということではなく、人によって感じ方はそれぞれだそうです。

　そこで子どもたちに、「人と違うことは特別でうれしいと思う人？」と聞いてみました。うれしいと答えたのは、3人だけでした。その3人は、独創的なアイデアで学級を引っ張ってくれている子どもたちです。うれしいと答えたことに納得の3人でした。3人以外の子どもたちは、うれしくないというより「1人だけかなと心配になる」「みんなと一緒の方が安心する」という考えのようです。私も、1人だけだと心配になるので、子どもたちに共感しました。

第**3**章

🌀 子どもの振り返り

・ふつうは、人それぞれ違う方がいいと思う。みんなが同じだったらこわい。ふつうなんてないと思う。

・ふつうは自分の特別な考え方だと思う。理由は、人それぞれふつうの考え方が違うからです。

・自分のふつうは、みんなの当たり前ではない。地域によってしゃべり方は違うけど、その地域の人からしたらふつうなので、ばかにしてはいけない。

・ふつうは、人それぞれだけど、自分のふつうは人の当たり前ではない。

・例えば、ある人は毎日5時に起きています。だけど、ぼくは7時に起きています。その人は5時がふつう。ぼくは7時がふつう。それがふつう。

・ふつうって生き方で変わる。例えば、好ききらいすることで変わる。

・自分が好きなふつうで生きていけばいいと思った。

授業の様子（2024年度・第3学年）

　「いつものこと」というのは、2023年度に出てきた「いつも通り」という考えと似ていました。それ以外は考えが異なり、子どもたちが変われば考えが変わることを改めて実感しました。特に、「ふつうとは自分らしさ」という考えは予想もしませんでした。この授業の2週間前に「個性の伸長」の学習をしました。そのときの振り返りに、次のように書いた子どもがいました。「○○がすごいね。と言われたらうれしい。でも私にとってそれはふつうのこと」。この振り返りを覚えていたため、子どもたちに紹介しました。「確かにふつうは、自分らしさもあるかも」という考えが広がっていきました。子どもたちの学びを、つなぎ合わせることの大切さを実感しました。また、今回も公開授業で行いました。参観された先生にも「ふつう」とは何か聞いてみました。すると、「みんなと同じこと」と話してくれました。「みんなと同じことってふつうのこと？」と子どもたちに聞いてみました。「ふつうではない。でも安心する」と話してくれました。

　動画を視聴した後、「ふつう」についてさらに考えていきました。話題に上がったのが「ふつう」という言葉を使った文章です。「頭のよさはふつうではない」。これは、賢いという意味もありますが、頭が悪いというように感じてしまうかもしれません。言い方や表情で受け取り方が変わりそうと話してくれました。続いて、「ふつうはこれくらい知っているよね」。これは上から目線で失礼に感じるそうです。普段から何気なく「ふつう」という言葉を使うこともあると思いますが、使い方を間違えれば、いやな気持ちにさせてしまうということを考えることができました。また、国によって生活に違いがあることも話題に上がりました。ご飯を残すことで、「美味しいご飯をたくさん食べることができてうれしい」ということを伝えている国もあるという話をしてくれました。知らなかった子どもは、とても驚いていました。国によっても「ふつう」は違うということを学ぶことができました。

授業での板書

ふつうって何だろう？

いつものこと
自分らしさ

正かいはない？
まちがいもない？
人によってばらばら？

誰かに「○○がすごい！」
　　　自分からしたらふつうのこと
すごい ○ 悪い
　　↑
　　ふつう
ふつうに歩く

いつもと同じこと
みんなと同じ　安心
みんなとちがうと
わらわれるの？

かしこい？

頭のよさは
ふつうではない

ふつう

悪い？

毎日カレー

国に
よって
違う

ぞうのおしりを
かくのは
ふつうではない？

ふつうは
これくらい
知っているよね。

失礼

いや

子どもの振り返り

・自分が思うふつうと人のふつうは違うから、ばかにしたりふつうを勝手に決めたりしたらだめ。
・ふつうというのは、自分で決めると思う。ふつうを人に決められたら自分で決めさせてほしいとぼくは思う。ふつうは自分らしさ。
・自分のふつうは人によって違う。でも、自分のふつうと似ている人もいる。自分のふつうを人におしつけるのはだめ。
・ふつうは、いつものことでもあるし、相手にとってはすごいと思っているけど、自分からしたらやっていることは、ふつうと思っていると思う。
・ふつうというのは、正解がないと思った。人によって違うから、まちがいもない。国によって、そんなに違うということを知れて勉強になりました。
・ふつうとは、自分らしく生きていくこと。ふつうに生活して、ふつうに学校に行く。

子どもたちの実態

　2023年度の子どもたちは、単学級で一緒に過ごした時間が多いためか、子ども同士の理解が深い学級だと感じました。休み時間もほとんど毎日、たくさんの子どもたちがドッジボールやおにごっこをしていました。また、「自分たちのことは、みんなで考えて行動することができる」というように、学級全体で話し合い、行動することに自信をもっている子どもがたくさんいました。

　それに対して2024年度の子どもたちは、仲のよいグループを中心にしながら、自ら進んで行動する場面が多く見られました。「みんな遊び」「夏祭り」「お笑いイベント」などを休み時間に企画し、今以上に楽しい学級にするための工夫が見られました。

　また、子どもたちから問いが生まれることもよくありました。印象的だったのが、「優しさと親切って違うのかな？」という問いでした。学級全体→個人→班→学級全体と活発な議論が行われました。今回の授業でも、「ふつうに正解はないのかな？」「正解もないと思うけど、まちがいもないのかな？」「それは、人によってふつうの考えがばらばらだからかな？」という問いが出てきました。問いについて考えていく中で、また新たな問いが生まれてくることがよくある学級でした。

　子どもたち一人一人の個性が違うことは当然ですが、学級のカラーも違います。それは、3年生になるまでの経験も影響しているでしょう。「ふつうの考えは人それぞれ」という考えに違いはありませんでしたが、その考えに至る過程や言語化したときの表現の違いが興味深いと感じました。

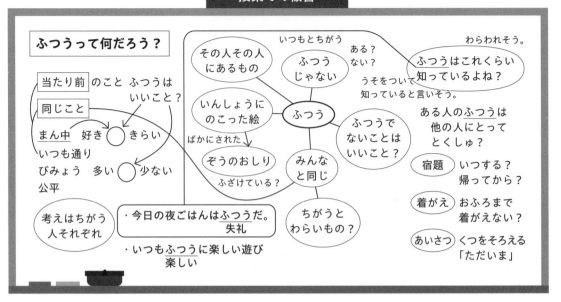

　2024年度は、隣の学級でも授業をさせていただきました。「ふつうとは、みんなと同じこと」という考えが初めて子どもたちから出てきました。「みんなと同じことがふつうということは、みんなと違う人はふつうではないということ？」と問い返すと、「そうではなく、ふつうの考え方は人それぞれ違う」と話してくれました。また、「ふつう」に間違いはなく、すべて正解だということも話してくれました。

　動画を見ると、「当たり前」「みんなと同じ」という考えが子どもたちと共通していることが分かりました。それ以外にも、子どもたちから出てきた「ふつう」を使った文章「今日の夜ご飯はふつうだ」と「ふつうは、これくらい知っているよね」は、どちらも失礼なことが共通していると話してくれました。また、「ふつうは、これくらい知っているよね」と言われると腹が立つし、知らなかったら笑われそうだから、うそをついて知っていると言ってしまいそうという考えにリアリティがあるなと感じました。

　今回は時間に余裕があったため、「ある人のふつうは、他の人にとっては特殊なこと？」という動画に出てくる問いを考えてみました。子どもたちに家に帰ってからすることを聞いてみると、真っ先に出てきたのが宿題についてです。ある子どもが、「家に帰ったらすぐに宿題をする」と話してくれました。共感する声もあれば、その日によって違うという声もありました。「すぐに宿題をすることがふつう？」と聞くと、「それは人によるから、ふつうとかはない」と答えてくれました。その後、「着替え」や「あいさつ、礼儀」について考えました。家に帰ってすぐに服を着替える人、お風呂に入るまで着替えない人。家に帰ったら靴を揃えて「ただいま」と言う人、家に帰っても誰もいないから「ただいま」と言わない人、ペットに「ただいま」と言う人など、それぞれの生活の様子を話してくれました。普段の生活の様子を語ることで、より具体性のある話で考えることができると改めて実感しました。

子どもの振り返り

・ふつうって自分ができて当たり前ということだと思っていた。人はいろいろな特技をもっているし、体のかたい人もやわらかい人もふつう。
・人によってふつうは違っていい。人それぞれにふつうがあるから。
・人それぞれだから、ふつうはみんな違うんだなと思いました。みんなと違うことは、特別だと思います。
・人は全部同じではなく、全く違うわけでもない。毎日が楽しい人と、毎日がいやな人もいる。でも、それはふつうのことだと思います。
・私のふつうは、お父さんが会社に行くとき、いつも見送ることだけど、他の人からするとふつうではないかもしれません。
・いろいろなふつうがあって、「失礼」なふつうもあった。「楽しい、うれしい」ふつうもあった。明るいふつうといやなふつうだった。
・みんなふつうが違うんだと思った。ばかにされたって、自分がふつうだと思ったらそれでいい。他の人のふつうを知れて、おもしろかった。
・自分は「そう」でも、相手は「こう」。人によって思うことは違う。それがふつう。
・みんないっしょではない。みんないっしょだったら、ふつうがなくなる。

子どもたちの実態（2024年度・隣の学級）

　これまで、隣の学級で授業をしたことはありませんでしたが、運動会や遠足、社会科見学などで関わることは多くありました。実際に授業をしてみて、自分の考えを伝えたいという意欲をたくさんの子どもから感じました。授業中は、誰かがつぶやいたり手を挙げて発表したりする場面が多く、そのような積極性が見られるからこそ、ペアやグループで交流する時間を確保した方が子どもたちの考えをさらに引き出すことができたのではないかと感じました。

　また、家に帰ってからすることを聞いたとき、自分の生活を語る様子から、子どもたちにとって学級が安心・安全の場であることを感じました。それは、安心・安全の場だと子どもたちが思っていなければ、自分の生活のことをあれほど赤裸々に語ることはできないと考えているからです。

　放課後、子どもたちの振り返りを担任の先生と共有しました。普段よりも、自分の考えをたくさん書いていた子どもが多くいたことに驚かれていました。それだけ、「ふつうって何だろう？」という問いが子どもたちに合っていたのだと感じました。

付録データ

「授業づくり支援ツール」を使った教材研究の進め方

本書には、「授業づくり支援ツール」という付録データがついています。これは、これまで本書で紹介してきたノートを使用した教材研究をデジタル化したものです。アナログにはない機能がついているので、効率的に教材研究を進めたいという人におすすめのツールになります。

❶ 内容項目の選択

「01.授業づくり支援ツール基本セット」フォルダ内の、「01.内容項目設定シート」エクセルデータを開きます。教材の内容項目を選択すると、学年段階ごとのねらいが自動で表示されます。対象学年を選択すると、色アミで表示されます。ねらいのテキストをコピーする場合は、右クリックでコピーを選択してください。

❷ 教材活用のポイントを入力

内容項目を選択したら、教材活用のPoint欄に、教材の概要、この教材の特性、この教材を使って子どもたちに何を考えさせていきたいかを入力していきます。主人公の変容前と変容後をBefore-Afterで分析すると、よりその教材への理解が深まります。

❸ 内容項目を関連付ける

次に、「02.内容項目ウェビングマップシート」を開きます。下のタブより、お好みのサイズを選択してください。最初に中央のテキストボックスに、本時に考える「道徳的価値」を入力します。そこから、A～Dの内容項目に関連付ける形で考えを広げます。テキストボックスや罫線機能を活用して、あなただけのウェビングマップシートを完成させていきます。

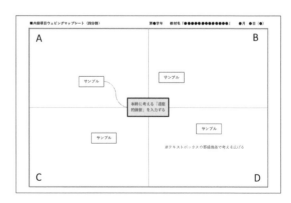

■ ダウンロード・コンテンツの保存手順　※東洋館出版社HP下の「付録コンテンツのダウンロードページ」
対象書籍の「付録コンテンツ」ボタンをクリック。表示される入力フォームに下記記載のユーザー名、パスワードを入力してください。

※zipファイルがダウンロードされます。

❹ 学習指導案の作成と発問の吟味

続いて「03.学習指導案（400発問付き）」エクセルデータを開きます。主題名、出典、対象学年、教材名、ねらいを入力後、本時の展開を考えていきます。導入、展開、終末でどのように展開するか、腕の見せどころです。

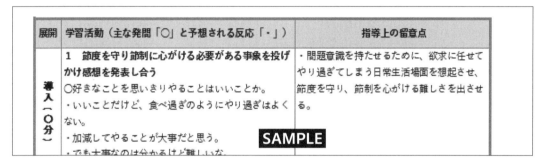

ここで、発問を考えていきます。中心発問のほか、どのような発問をしたらよいか、下にスクロールすると右側に内容項目を選択するセルがあります。本時の内容項目を選択するとたくさんの発問例が抽出されます。

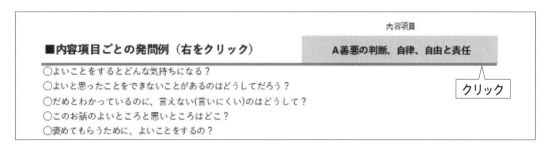

❺ 板書計画を作成する

最後に、「04.板書構想シート」を開きます。事前の板書を計画するために、テキストボックスや罫線機能を使って作成します。授業が終わったら、実際に授業した際の板書の写真データを配置しましょう。

おわりに

....

　最後までお読みいただき、ありがとうございました。

　本書は、一度読んで終わりではなく、先生方の授業づくりに寄り添うことができるように記したつもりです。1人でも多くの必要とされている方に届きますように。

　また、付録データの「授業づくり支援ツール」は、教材研究をお助けするアイテムの一つとしてご活用していただけると自負しております。400を超える道徳科の発問が載っている書籍はないと思います。発問リストを印刷し、ラミネートしたものを教科書や教材研究ノートに挟んでおくことで、いつでもすぐに内容項目ごとの発問を確認することができるため、印刷することもおすすめです。

　ここで一つ読者のみなさんにお願いがあります。『雨のバス停留所で』の教材を活用した教材研究ノート（または、授業づくり支援ツール）が、どのようにできあがったのかを見てみたいのです。よろしければ、画像と共に連絡をいただければ幸いです（もちろん、私が個人的に拝見させていただくだけです。外部には決して出しません）。

　X（旧Twitter）ちょぱえもん（@doutokuka）までよろしくお願いします。

　本書を出版するに当たり、東洋館出版社の皆様、特に編集を担当してくださった近藤智昭様には、大変ご尽力いただきました。本書の構成や発売に向けたスケジュール管理など、たくさん助けていただきました。心より感謝申し上げます。引き続き、どうぞよろしくお願いいたします。

　実は本書は、2年前から構想がありました。前著『子どもと共に本気で考える！　小学校5つの「発問」でつくる道徳授業』は発問に特化した1冊です。

　当初は、発問と教材研究を1冊にまとめようと考えていましたが、東洋館出版社の佐々木美憂様に助言をいただき、発問と教材研究を別の書籍でお届けすることとなりました。ご助言いただき、ありがとうございました。

　そして最後に、一番近くで私を支えてくれた、妻と息子。いつもありがとう。これからもよろしくね。

令和7年3月

中村優輝

本書をもっと効果的に活用するための書籍

①『内容項目から始めよう　直球で問いかける小学校道徳科授業づくり』
中村優輝［著］、東洋館出版社　2022年

　本書では、『節度、節制』『生命の尊さ』などの各内容項目についての分析と、実際の指導における導入での発問について焦点化しています。各内容項目について、発達の段階に合わせた2つの導入例などを詳述しています。

　例えば、「命ってなんだろう？」。これが最初の発問。内容項目について理解を深め、直球で問いかける授業が子どもを「本気の迷い」に誘います！コンピテンシーベースな道徳科の授業づくりを考えることで、教材に左右されず、答えありきの授業ではなく、子どもが自分事として参加する授業を行うことができます。

②『子どもと共に本気で考える！　小学校 5つの「発問」でつくる道徳授業』
中村優輝［著］、東洋館出版社　2024年

　本書では、前著に基づいた内容項目の考え方をベースに、「道徳科の発問」について記しています。実践部分では、該当する内容項目の解説や14の定番教材の活用のポイント・発問例、そして導入から終末までの実際の授業の流れを2パターン紹介し、子どもと共に本気で考える道徳授業を提案しています。

　第3章では、内容項目の系統的な解説や指導のポイントをはじめ、教材をBefore→Afterで分析したイラスト図解を定番教材14本分収録しています。さらに、導入から終末までの具体的な発問例を授業の流れに沿って提案しています。

「教材研究」を自分流で楽しもう！

参考文献一覧（筆者50音順）

● 青木孝頼 編著(1983)『価値の一般化の発問』明治図書出版

● 青木孝頼 (1988)『道徳でこころを育てる先生』日本図書文化協会

● 青木孝頼 編著(1990)『授業に生かす価値観の類型』明治図書出版

● 青木孝頼(1995)『道徳授業の基本構想』文溪堂

● 青木孝頼 編著(1991)『道徳授業に生きる基本発問 低学年』明治図書出版

● 青木孝頼 編著(1991)『道徳授業に生きる基本発問 中学年』明治図書出版

● 青木孝頼 編著(1991)『道徳授業に生きる基本発問 高学年』明治図書出版

● 赤堀博行(2021)『道徳的価値の見方・考え方：「道徳的価値」の正しい理解が道徳授業を一歩先へ』東洋館出版社

● 赤堀博行 監修、日本道徳科教育学会 編著(2021)『道徳教育キーワード辞典：用語理解と授業改善をつなげるために』東洋館出版社

● 安斎勇樹、塩瀬隆之(2020)『問いのデザイン：創造的対話のファシリテーション』学芸出版社

● 内田美智子 文、諸江和美 絵、佐藤剛史 監修(2009)『いのちをいただく』西日本新聞社

● 鹿児島県小学校教育研究会道徳部会 (2021)『かごしまの「道徳的価値分析本」』

● 木原一彰(2015)「複数関連価値統合型の道徳の時間の可能性 ─学習指導過程の固定化を克服するために─」『道徳と教育』333巻、p.55-68、日本道徳教育学会事務局

● 小森香折 作、中川洋典 絵(2005)『きみの家にも牛がいる』解放出版社

● 島恒生(2020)『小学校・中学校納得と発見のある道徳科：「深い学び」をつくる内容項目のポイント』日本文教出版

● 新宮弘識(2016)『道徳授業ハンドブック3：特別の教科道徳の内容項目がこの一冊でわかる!』光文書院

● 瀬戸真、押谷由夫 編(1990)『新学習指導要領の指導事例集：小学校道徳1「主として自分自身に関すること」』明治図書出版

● 瀬戸真、押谷由夫 編(1990)『新学習指導要領の指導事例集：小学校道徳2「主として他の人とのかかわりに関すること」』明治図書出版

● 瀬戸真、押谷由夫 編(1990)『新学習指導要領の指導事例集：小学校道徳3「主として自然や崇高なものとのかかわりに関すること」』明治図書出版

● 瀬戸真、押谷由夫 編(1990)『新学習指導要領の指導事例集：小学校道徳4「主として集団や社会とのかかわりに関すること」』明治図書出版

● 髙宮正貴(2020)『価値観を広げる道徳授業づくり：教材の価値分析で発問力を高める』北大路書房

- 髙宮正貴(2022)「道徳授業における『価値の一般化』の再検討 —展開後段における『再特殊化』の導入—」『大阪体育大学教育学研究』第6巻、p.51-63、大阪体育大学教育学部

- 髙宮正貴、杉本遼(2022)『道徳的判断力を育む授業づくり：多面的・多角的な教材の読み方と発問』北大路書房

- 『道徳教育』編集部 編(2019)『考え、議論する道徳をつくる新発問パターン大全集』明治図書出版

- 中村優輝(2022)『内容項目から始めよう 直球で問いかける小学校道徳科授業づくり』東洋館出版社

- 中村優輝(2024)『子どもと共に本気で考える！ 小学校5つの「発問」でつくる道徳授業』東洋館出版社

- 村上敏治 編著(1983)『小学校道徳内容の研究と展開』明治図書出版

- 本橋成一 (2013)『うちは精肉店』農山漁村文化協会

- 森岡健太 (2023)『授業づくりが楽しくて仕方なくなる 森岡健太の道徳教材研究ノート』明治図書出版

- 文部科学省(2017)「小学校学習指導要領(平成29年告示)解説 算数編」

- 文部科学省(2017)「小学校学習指導要領(平成29年告示)解説 特別の教科道徳編」

- 文部科学省(2017)「中学校学習指導要領(平成29年告示)解説 特別の教科道徳編」

- 文部科学省(2014)「わたしたちの道徳 小学校1・2年生、3・4年生、5・6年生」

- やまざきひろし 文、きむらよう・にさわだいらはるひと 絵 (2018)『答えのない道徳の問題 どう解く？』ポプラ社

- ヨシタケシンスケ(2019)『なんだろうなんだろう』光村図書出版

- 吉田誠、木原一彰 編著(2018)『道徳科初めての授業づくり：ねらいの8類型による分析と探究』大学教育出版

- 道徳科教科書1~6年「きみがいちばんひかるとき」光村図書出版

- 道徳科教科書1~6年「生きる力」日本文教出版

- 道徳科教科書2年「ゆたかな心」光文書院

- 『小学算数3年上 教師用指導書 研究編 』日本文教出版

- NHK for School『Q～こどものための哲学』

※ 「QRコード」は株式会社デンソーウェーブの登録商標です。

【著者紹介】

中村 優輝（なかむら ゆうき）
奈良県大和郡山市立平和小学校教諭

日本道徳教育学会、日本道徳教育学会近畿支部、日本道徳教育方法学会所属。Xで「ちょぱえもん」（@doutokuka）として、道徳科の授業の発信を続けている。2025年2月時点でフォロワーは約7,500人。東洋館出版社コメンテーター。主な著書に『子どもと共に本気で考える！ 小学校5つの「発問」でつくる道徳授業』2024年2月（東洋館出版社）、『内容項目から始めよう 直球で問いかける小学校道徳科授業づくり』2022年3月（東洋館出版社）がある他、『生徒指導提要を現場の目線で読む』（東洋館出版社）、『道徳教育』『授業力＆学級経営力』（明治図書出版）、『リレー連載「一枚画像道徳」のススメ』みんなの教育技術（小学館）などに執筆。

内容項目＆発問で深める！
小学校道徳
教材研究ノート

2025（令和7）年4月7日　初版第1刷発行

著　者：中村　優輝
発行者：錦織　圭之介
発行所：株式会社　東洋館出版社
　　　　〒101-0054　東京都千代田区神田錦町2丁目9番1号
　　　　　　　　　　コンフォール安田ビル2階
　　　　代　表　TEL：03-6778-4343　FAX：03-5281-8091
　　　　営業部　TEL：03-6778-7278　FAX：03-5281-8092
　　　　振　替　00180-7-96823
　　　　Ｕ Ｒ Ｌ　https://www.toyokan.co.jp

［装　丁］喜來詩織
［イラスト］osuzudesign（田中小百合）
［組版］株式会社明昌堂
［印刷・製本］株式会社シナノ

ISBN978-4-491-05731-6　　　　　　　　　　　Printed in Japan

JCOPY 〈㈳出版者著作権管理機構委託出版物〉
本書の無断複写は著作権法上での例外を除き禁じられています。複写される場合は，そのつど事前に，㈳出版者著作権管理機構（電話03-5244-5088，FAX03-5244-5089，e-mail：info@jcopy.or.jp）の許諾を得てください。